何以
胖东来

刘 杨◎著

Why
is
DL Successful

人民邮电出版社

北 京

图书在版编目（CIP）数据

何以胖东来 / 刘杨著. -- 北京 ：人民邮电出版社，
2025. 2. -- ISBN 978-7-115-65793-0

Ⅰ. F724.2

中国国家版本馆 CIP 数据核字第 20247SV323 号

内 容 提 要

2024年，零售业刮起了"胖东来式旋风"——为什么别的超市门可罗雀，胖东来却人满为患？为什么大家逛别的超市在意的是性价比，到了胖东来却不是那么关注价签？为什么消费者、员工、供应商甚至同行都在夸胖东来？它到底有什么神奇之处？

本书从企业内、外部管理两个视角剖析胖东来的经营智慧，企业外部管理的人（顾客）、货（商品）、场（场景）是胖东来呈现出来的现象，企业内部管理的人（员工）、货（制度）、场（文化）是支撑胖东来现象的底层逻辑。把企业管理拆解成这精简的六个维度后，管理就会变得非常简单。

本书适合企业管理者、一般职员阅读，也适合零售业从业者、研究者、学生等人士阅读。

◆ 著　　　　　刘　杨
　　责任编辑　　刘　姿
　　责任印制　　周昇亮

◆ 人民邮电出版社出版发行　　北京市丰台区成寿寺路 11 号
　　邮编　100164　　电子邮件　315@ptpress.com.cn
　　网址　https://www.ptpress.com.cn
　　涿州市京南印刷厂印刷

◆ 开本：720×960　1/16
　　印张：15.75　　　　　　　　　　2025 年 2 月第 1 版
　　字数：203 千字　　　　　　　　2025 年 10 月河北第 9 次印刷

定价：69.80 元

读者服务热线：(010)81055296　印装质量热线：(010)81055316
反盗版热线：(010)81055315

胖东来发展历史

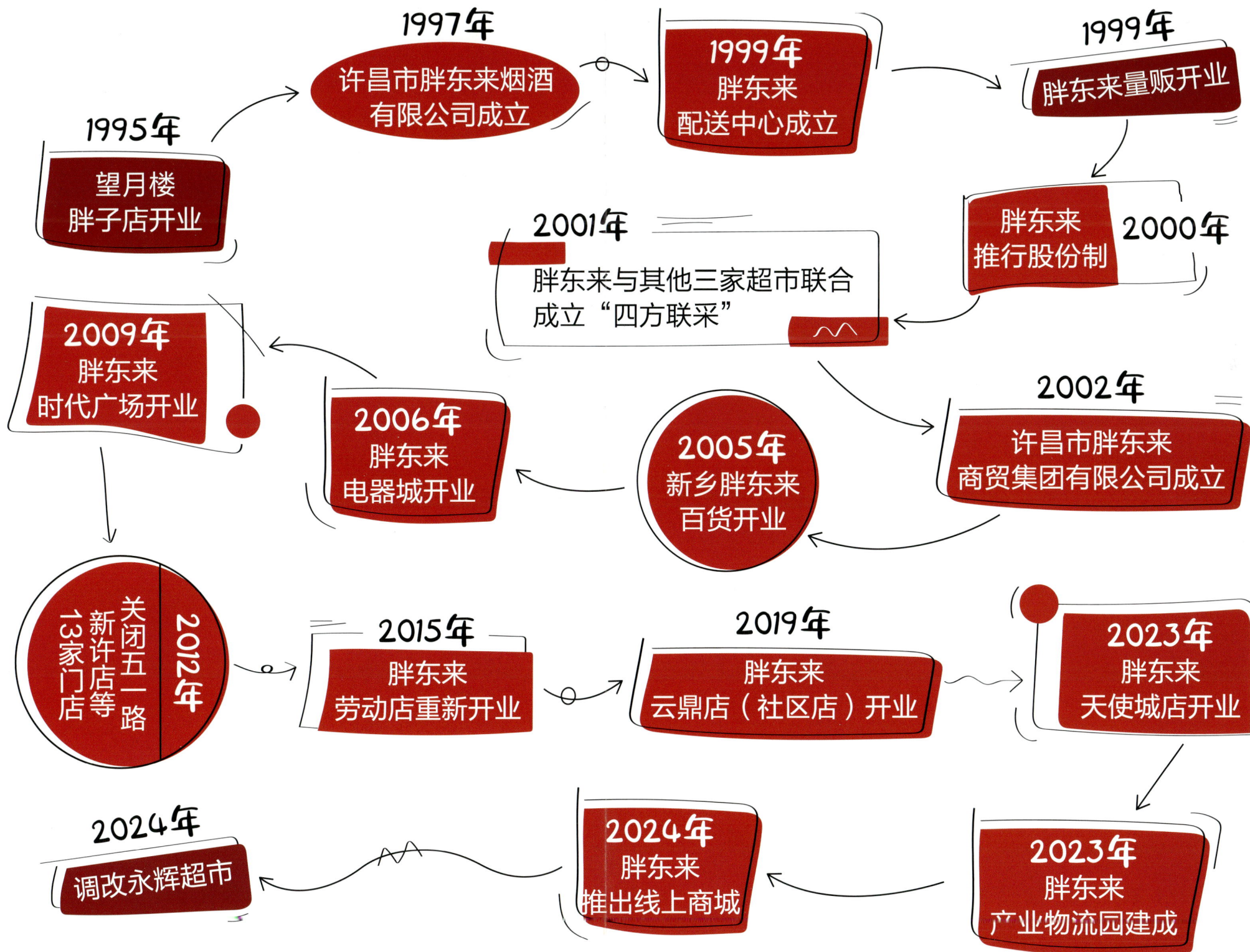

1995年
望月楼
胖子店开业

1997年
许昌市胖东来烟酒
有限公司成立

1999年
胖东来
配送中心成立

1999年
胖东来量贩开业

2000年
胖东来
推行股份制

2001年
胖东来与其他三家超市联合
成立"四方联采"

2002年
许昌市胖东来
商贸集团有限公司成立

2005年
新乡胖东来
百货开业

2006年
胖东来
电器城开业

2009年
胖东来
时代广场开业

2012年
关闭五一路
新许店等
13家门店

2015年
胖东来
劳动店重新开业

2019年
胖东来
云鼎店（社区店）开业

2023年
胖东来
天使城店开业

2023年
胖东来
产业物流园建成

2024年
胖东来
推出线上商城

2024年
调改永辉超市

企业外部管理

《何以胖东来》

顾客（人）——真正洞察顾客的需求

商品（货）——重新理解商品

场景（场）——彻底的场景革命

企业内部管理

员工（人）——让员工成为企业的主人

- 让员工成为企业的主人
  - 胖东来的员工，为何看起来不一样
  - 胖东来需要什么样的人才
    - 综合素质和文化认同
    - 专业和能力
  - 胖东来如何培训员工
- 全方位满足员工需求
  - 让人羡慕的待遇
  - 五大需求层次，全方位满足员工
- 从培养、赋能到共创
  - 胖东来人才培养体系
    - 入职培训
    - 岗位实操培训
    - 各项制度培训
    - 文化价值观培训
  - 给员工赋能，从打工人到创造者
    - 净心工作的原则
    - 在岗位上创造价值
    - 沉淀方法，创造整体和长久的价值
- 胖东来启示录4：好员工并非与生俱来
  - 胖东来对人才的选、用、育、留
    - 选人看本质
    - 育用结合，对口培养
    - 独特的留人方法
  - 胖东来带来的启示
    - 品格第一的标准
    - 系统的培训制度
    - 降低人才流失率的诀窍
    - 杜绝投机心态，回归人才的本质

制度（货）——员工在胖东来得到的价值

- 员工在胖东来得到的价值
  - 管人的制度vs员工获得价值
    - 胖东来的规范性制度
    - 胖东来的指引性制度
  - 从制度管理到知识管理
    - 制度知识化——制度更实用
    - 知识制度化——让"知识"成为企业内部通用的语言
- 胖东来的4类制度
  - 1.集团和各分公司、各门店的综合管理制度
  - 2.员工日常管理及培训相关制度
  - 3.考评、评议、薪资相关制度
  - 4.岗位实操和企业标准有关的各项制度
- 胖东来的制度有什么特点
  - 内容严谨，系统性强
  - 指导工作
  - 引领企业发展
- 从人治、法治到知识管理
  - 法治需要完善的制度做保障
  - 从法治到知识管理
  - 让员工为制度"买单"
- 胖东来启示录5：从0开始建立企业制度
  - 胖东来的制度建设
    - 制度的利他原则
    - 制度的演进原则
    - 制度的创新原则
  - 胖东来带来的启示
    - 企业和员工在制度的理解上要达成一致
    - 要解决制度滞后性问题
    - 全员创新，而不是老板闭门造车定制度

文化（场）——那只看不见的手

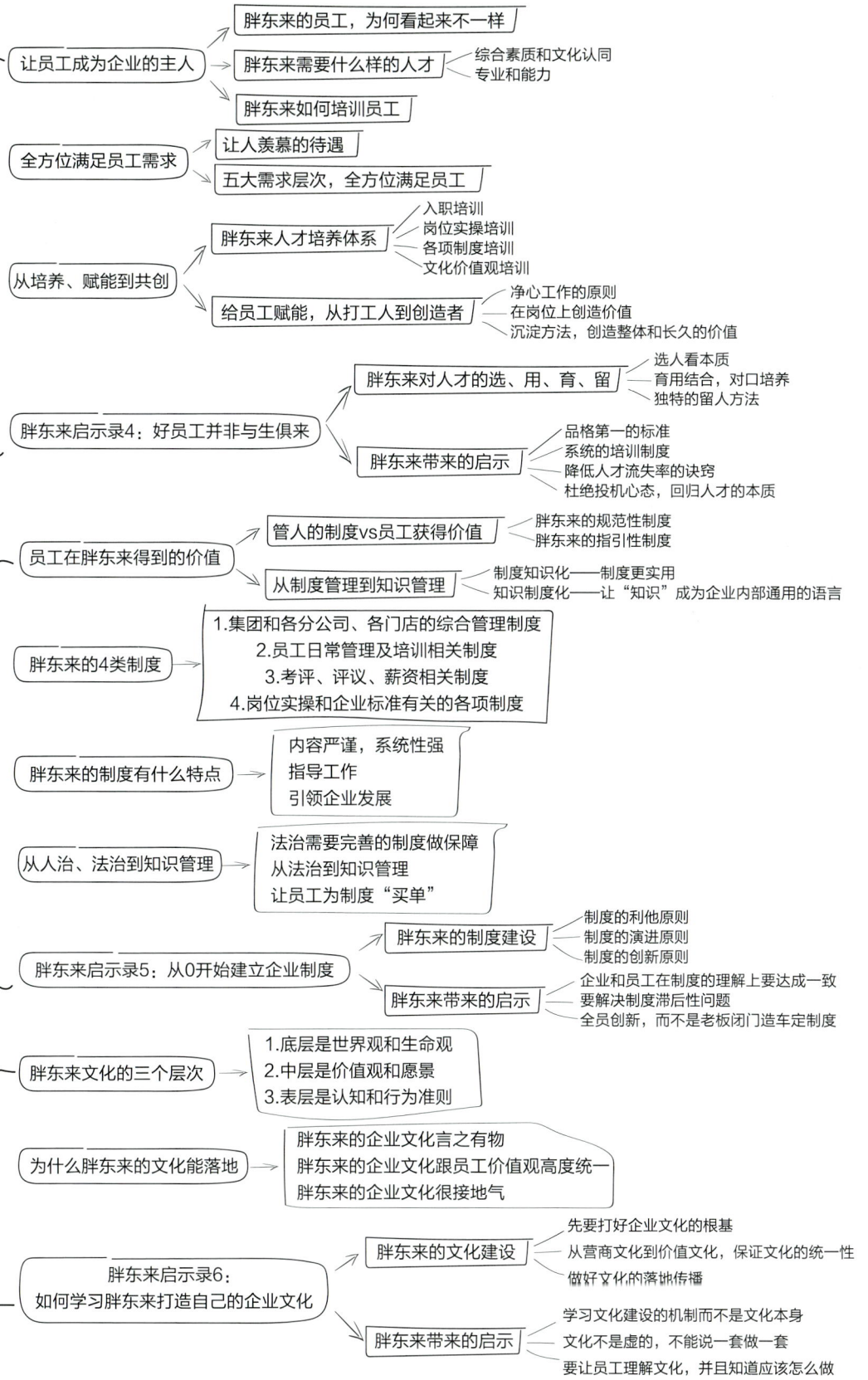

- 胖东来文化的三个层次
  - 1.底层是世界观和生命观
  - 2.中层是价值观和愿景
  - 3.表层是认知和行为准则
- 为什么胖东来的文化能落地
  - 胖东来的企业文化言之有物
  - 胖东来的企业文化跟员工价值观高度统一
  - 胖东来的企业文化很接地气
- 胖东来启示录6：如何学习胖东来打造自己的企业文化
  - 胖东来的文化建设
    - 先要打好企业文化的根基
    - 从营商文化到价值文化，保证文化的统一性
    - 做好文化的落地传播
  - 胖东来带来的启示
    - 学习文化建设的机制而不是文化本身
    - 文化不是虚的，不能说一套做一套
    - 要让员工理解文化，并且知道应该怎么做

商品价值
体验价值　→　胖东来为顾客提供的三种价值
情绪价值

商品品质要好
购物体验要好　→　现在的顾客追求"整体价值"最大化
情感的体验要好

胖东来如何洞察顾客需求

只有洞察清楚，才能满足顾客真正的需求
企业做不好，不是因为"打不准"，而是因为"瞄不准"　←　为什么要洞察顾客需求
透过现象看本质需求，商品才能大卖

1.谁是你的顾客
2.这些顾客在哪里
3.这些顾客有什么需求　←　向胖东来学习洞察顾客，搞清楚4个问题
4.如何满足顾客的需求并超越这些顾客的期待

零售行业在悄然变化
胖东来顺应变化，调整策略，准确应对　→　为什么是胖东来

你的顾客有哪些变化
你应该如何把变化的机缘转变成自己的机会　→　胖东来带来的启示

胖东来启示录1：不是你的经营手段错了，而是顾客的需求变了

全国性品牌
创新品牌　→　胖东来销售三类商品
自加工品牌和自有品牌

增加商品附加价值
从渠道商变成"生产+服务+渠道"模式　→　胖东来在销售商品之外

从商品到商品组合

让商品"开口说话"

让顾客有知情权　←　胖东来的商品管理

1.卡片介绍
2.温馨提示
3.营造特定的场景　→　借助4种方式，让商品跟顾客"沟通"
4.呈现商品最终效果

区别定价
公布进货价和毛利率　→　胖东来的定价策略

1.掌握定价主动权
2.选品定价策略　→　胖东来商品定价的3条底层逻辑
3.设定合理的利润

胖东来商品的定价

胖东来如何经营商品

真品真心是信任的基础
好看好用的东西更能打动顾客　→　胖东来商品经营观念的演进
商品的博物馆，商业的卢浮宫

尊重和信任商品
用专业化的态度对待商品　→　胖东来的"商品之道"
传递商品的体验感

尊重商品的价值
借助商品培养利他之心　→　胖东来带来的启示

胖东来启示录2：要让员工培养跟商品的感情

好环境不是靠钱堆出来的
专业+细节+对卖场环境的理解　→　胖东来卖场的硬件

胖东来服务的细节
顾客能感知到的人情味　→　胖东来卖场的软环境

胖东来的卖场好在哪

胖东来卖场的空间扩展和时间扩展
从一个卖场到1000个场景　←　从卖场到场景的演进

卖场不能只是卖场
卖场还可以是教育场、
休闲场、剧场、游乐场、故事场　→　怎么看待胖东来的"场"

胖东来启示录3：实体店未来的出路在哪

从卖场到实体店，面临同样的问题
核心问题是如何构建"场"的核心竞争力　→　胖东来带来的启示
实体店未来的出路是回归卖场、气场、能量场

赞誉与推荐

《何以胖东来》一书主要有两大特色。一是从胖东来对外、对内两个"人、货、场"的分析视角，展开了关于胖东来零售运营模式和零售管理模式及两者之间耦合关系的分析；二是叙事风格具有真切感，本书文字属于典型的夹叙夹议风格，或以论带事，或以事带论，切换自如，进退两便。

——蒋青云　复旦大学东方管理研究院院长、博士生导师

胖东来颠覆了传统商业，引领了未来模式。战略上，它精耕细作，创新举措频出，决策应变高效，有很强的社会责任担当。《何以胖东来》充分展现了胖东来的管理智慧，在战略规划、创新、应变及责任履行等方面，为企业提供了宝贵经验，是企业走向卓越的"启明星"，极具研读价值。

——王小毅　浙江大学管理学院专聘副院长、博士生导师

胖东来，作为数智时代零售行业的流量密码，它独特的经营方式不仅成就了自身，更成为了众多企业寻求转型的范式。基于胖东来理念调改的企业，在社会声量、话题热度甚至市值管理上都有显著的提升，这恰好反映出大众对于胖东来经营模式的高度认可。《何以胖东来》一书从六个视角深入剖析了胖东来的商业智慧，如场景驱动、文化赋能，为广大企业提供了具体的转型指南。我希望本书能帮更多企业找到正确的发展方向，为迈向健康持续的发展道路有所裨益。

——田高良　西安交通大学管理学院副院长、博士生导师

向标杆企业学习，就要把它的"成功要素组合"进行拆解（而且深入到中细颗粒度），还要说明这组要素同步起作用的内在逻辑。本书清晰拆解，穿透说明，让读者能全盘理解，有效借鉴。强力推荐！

——周宏骐　新加坡国立大学商学院兼任教授

胖东来的成功，不仅在于精准地捕捉到了市场的脉搏，更在于将"以人为本"的理念融入每一个经营细节中。《何以胖东来》一书，深度挖掘了胖东来背后的商业智慧与创新实践。它展示了胖东来如何在激烈的市场竞争中，凭借对消费者需求的深刻洞察和卓越的服务体验，实现了逆势增长。

——赵东升　李宁集团副总裁

胖东来火爆现象说明，更好的产品品控，更高效的管理，更贴心的企业文化可以帮助企业走出无序竞争，变得越来越好。《何以胖东来》从内外部人、货、场出发，仅仅用6个字，就把胖东来方法论概括了出来，这种化繁为简的方法论给很多企业学习胖东来提供了便利。

——刘世英　总裁读书会创始人、总裁读书会全国领读者联盟理事长

学习胖东来，一是学习胖东来以人为本、善待员工、真心对待客户的文化理念；二是学习胖东来愿意分享、激励员工的分配机制。这本书里提到的内外部人、货、场理论对理解胖东来很有启发，值得大家认真阅读。

——吴立群　绿旗科技集团有限公司董事长

从管理学的视角来看，本书将企业管理的复杂问题提炼为极简而深刻的思维框架，使管理者能够清晰地识别和解决实际操作中的管理问题。此外，书中通过生动的故事化写作，让这些理论不再抽象，以具体的经营细节和真实的案例呈现，极大地增强了可操作性、实用性和可读性。《何以胖东来》不仅是一本阐释零售企业成功之道的图书，更是一部精彩的管理学案例分析著作。

——周一虹　某上市公司独立董事

胖东来表面上看是一家传统企业，实则非常富有创新精神。胖东来的创新从选品到服务环环相扣，是一个动态演化的网络。这给了当下企业诸多启发和灵感。实践证明，只有创新才能实现有效增长！

——唐文　氢原子CEO

胖东来以独特的经营理念和管理模式赢得了消费者的信赖和好评，成为"零售界的天花板"和无淡季的"6A级景区"，引发了广泛关注和持续热议。刘杨老师研究胖东来的新作，主张回归理性和常识理解胖东来，对胖东来的商业智慧进行了系统阐释，为读懂胖东来、理解胖东来、学习胖东来，提供了有效指引。

——张新铭　许昌学院商学院院长、教授

推荐序

零售是一门需要温度的生意，胖东来今天正在用自己的实践诠释着这一"生意经"。

作为关注中国零售业发展的营销学者，我多年前就听说了胖东来的大名。然而，因为电商的迅速崛起，中国零售业因之产生的变化几乎可以用波诡云谲、风起云涌来形容，一时间人人争说天猫、京东、拼多多，转眼间个个惊叹抖音、快手、小红书，胖东来的声名险被淹没。不过，是金子总会发光，这两年在电商纷争浪潮稍许平息、线下零售创新呼之欲出之际，胖东来再次赢得了人们的高度关注。

2024年以来，我熟悉的很多高校商学院教授和商业研究专家，或个人或成群或带队奔赴河南许昌，以探店、参访等各种方式前往胖东来考察取经，网络上、书店里也出现了许多与胖东来有关的案例、研究报告和研究专著。

摆在您面前的《何以胖东来》，是其中较为独特的一部著作。刘杨老师长期以来一直关注胖东来的发展，收集了大量有关胖东来的一手资料，并在此基础上细细爬梳，编写成此书。人民邮电出版社在该书出版的过程中，多次跟我沟通并将刘杨老师的稿件第一时间给到我，希望我能写一篇推荐序。盛情难却，遂有了如下评论。由于我没有去过胖东来，只能就刘杨老师稿件的内容谈一点感想和看法，不当之处请读者们多多批评。

在我看来，《何以胖东来》一书主要有两大特色。

一是从胖东来对外、对内两个"人、货、场"的分析视角，展开了关于胖东来零售运营模式和零售管理模式及两者之间耦合关系的分析，很有特色，也很有洞见。其特色体现在对内分析时，将员工、制度和文化作为企业内部管理的"人、货、场"，全面分析这三者如何支持胖东来对外的"人、货、场"的零售运营，这样的对偶性和整体性分析逻辑是在目前关于胖东来的研究文献中很少见的，实际上透视了胖东来商业智慧背后的管理本质，这跟服务营销中的"服务利润链"理论有异曲同工之处。

二是叙事风格具有真切感。本书文字属于典型的夹叙夹议风格，或以论带事，或以事带论，切换自如，进退两便。这一风格是我这个大学老师难以把控的。究其原因，我觉得是刘杨老师对胖东来的一切太熟悉了，他讲起胖东来的经营故事常常信手拈来，分析胖东来的经营之道也如数家珍，这种近距离感是很多研究胖东来的专家所不具备的。本书的价值也正源于这种真切感，读者就像吃粤菜海鲜，不用厨师对食材做过多的加工，就能品尝海鲜的原汁原味。

当然，《何以胖东来》一书也有一些不尽周到之处，例如为何把"制度"解读为"货"？本书没有解说或者论述，如果能从经济学或管理学角度展开一些解释和说明，将更有助于读者的理解。另外，如果能在分析中结合一些理论，对胖东来商业实践的逻辑展开讨论（例如用前面提及的服务利润链），也许能够帮助读者更透彻地理解胖东来对其他企业的启示作用。

总之，我将本书推荐给那些对胖东来商业实践感兴趣的读者，尤其推荐给关注零售经营细节的读者研读。

蒋青云

复旦大学东方管理研究院

前言
化繁为简，理解胖东来

有这么一家零售企业，它的店没有开在北京、上海这种大城市，卖的也不是什么紧俏商品，甚至连它的名字也显得非常普通，但是它却频频登上热搜，被大家热议。这家企业每天开门迎客，除了迎接购物的顾客，还得迎接慕名前来参观的游客和一波又一波的访学团。它不做广告，也没有明星代言，企业规模不大，营业额也排不上前几名，但论影响力，在零售界它说自己第二没人敢说第一。更神奇的是它的口碑，如果你给这家企业差评，就有一堆网民跟你理论，好像全网埋伏了成千上万它的"水军"，时刻准备着帮它说话，以正视听。

它就是胖东来，一个出生于河南，扎根中原的零售品牌。实事求是地说，它的影响力并不局限在零售界，做餐饮的、做酒店的、搞金融的，大家都想跟胖东来学两招——有人来学胖东来的优质服务，有人来学胖东来的管人心法，有人来学胖东来的分钱理念，有人来学胖东来的文化理念，大家都想搞清楚两个问题：①胖东来成功的秘诀到底是什么；②怎么把这些经验复制到我的企业？

关于胖东来成功的秘诀，网上已经有各种各样的总结，比如"善待员工""高工资""大爱的文化""高品质的商品""特立独行的企业创始人"等，但很显然，你很难靠复制这些"标语"成就自己的美好企业，所以，市面上开始流传一句话，这句话也经常作为高赞评论出现在跟胖东来有关的帖文和视频底下，那就是：胖东来，你学不会！

2024年5月，胖东来工作人员向媒体确认，胖东来计划对上市公司永辉超市

（部分门店）启动帮扶计划，要知道，截止到2023年年底，胖东来仅有13家门店，销售额为107亿元，而截止到2023年年底，永辉超市有1000多家门店，销售额约为855亿元[1]，从体量上看，这是小老弟帮扶老大哥，但懂行的人都知道，永辉超市近年来业绩下滑，持续亏损，而胖东来因其独特的管理理念和方法，在零售业不景气的背景下，营业收入逆市上扬，所以消息刚一传出，当日永辉超市股票盘中涨停，市值暴涨22亿元，有人说，胖东来随随便便就给永辉送了个22亿元的大红包。2024年6月，经胖东来团队调改后的永辉超市郑州信万广场店重新开业，首日客流量约翻了5.3倍，销售额是调改前的13.9倍，高达188万元。[2]

调改永辉门店并不是胖东来的商业经验第一次被验证，2023年6月，胖东来团队对江西省上饶市嘉百乐超市进行帮扶，经过调改，嘉百乐万力店日均销售额从十几万元涨到了五十万元左右[3]。2024年3月，胖东来启动了对湖南步步高的帮扶计划，步步高超市诞生于1995年，2008年成功上市，被称为"中国民营超市第一股"，但近年来，因为盲目扩张等因素，企业营业收入下滑，亏损扩大。胖东来对步步高的调改效果也非常显著，步步高梅溪湖新天地店在调改之前日销15万元，调改后五一期间平均日销210万元[4]，翻了十多倍。

很多人可能不知道的是，早在2007年，胖东来的老板于东来就在河南南阳帮万德隆超市进行过经营调整，调整之后，万德隆当月销售提升了40%。一年下来，万德隆挣了1000万元，比起前一年500万元的利润，整个翻倍[5]。

所以，根本不是"胖东来你学不会"，而是"胖东来你没学会"，问题不在方法本身，而在学习的内容和方式上。指望着在胖东来转一圈，自己总结或者听

1. 中国商业联合会、中华全国商业信息中心，《2023年度中国零售百强企业》，2024-06-16。
2. 新京报，《永辉超市首家胖东来调改店首日销售额达188万元》，编辑郑明szlsszl，2024-06-20。
3. 湖南民生，《湘伴丨胖东来"爆改"步步高，带来哪些启示？》，作者张英，2024-04-24。
4. 潇湘晨报数字报，《新晋"流量"商家表现同样抢眼》，记者李轩子，2024-05-07。
5. 王慧中，《胖东来你要怎么学？》，龙门书局，2014-09，55页。

别人总结几个金句，肯定是学不会的，一个企业的成功一定是由多方面原因同步起作用的。以零售业为例，货怎么进，人怎么管，商品怎么定价，员工怎么发工资，招聘怎么做，培训怎么做，考核怎么做，一堆现实的问题，环环相扣，哪个环节做不好都会影响企业的发展。

如果有胖东来这样的老师手把手教固然好，但大部分企业并没有这样的运气，更何况，学习胖东来的企业也并不局限在零售业，像在制造业、环保业、教育业、金融业等的企业也都会向胖东来学习，所谓隔行如隔山，这些企业要怎么学习胖东来呢？

答案很简单，学习胖东来除了表面上的模仿（比如模仿服务理念、管理方法、各项制度等），还应该理解胖东来运作的内在逻辑，提升自己的认知。胖东来的方法看起来千头万绪非常复杂，其实总结起来就三个字，那就是"人、货、场"。企业外部管理的人、货、场对应顾客、商品和场景，企业内部管理的人、货、场对应员工、制度和企业文化。这个模式不但适用于像胖东来一样的零售企业，而且对其他企业也适用。

比如某银行的营业厅，外部有人（客户）、货（金融产品）和场（场景），内部也有人（员工）、货（各项制度）和场（企业文化），站在这个维度上学习胖东来，你会发现，一切化繁为简，胖东来能借鉴的不只有"怎么设计购物车""怎么优化收银效率""怎么处理生鲜损耗"，还有怎么组织好内外部资源，更好地提供商品和服务，从而在一个竞争激烈又充满着不确定性的市场环境下，坚定地活下来，并且活得很好。

有人说，现在全民学习胖东来并不是大家更爱学习了，而是因为经济发展来到了这样一个阶段，过去闭着眼睛都能发财的时代过去了，现在的企业，必须要精细化运营，而且要处理好企业、顾客、员工、社会四者的关系。所以，别把胖东来当"神"看待，可能它只是一个标杆，未来的企业，都要达到这个标准才能存活。

因此，学习胖东来不是赶时髦，也不是蹭热度，不管是对企业还是个人来说，只有学习才会觉醒，只有觉醒才能看到趋势，只有不断进步才能跟上趋势，这就是商业发展的基本常识。纵观历史，优秀的企业都遵循这个规律。

如果你认同这一点，又相信胖东来是个好老师，不如现在就开始行动吧！

特别说明：本书中个别引用的原文存在差错，引用时已修改。

人

货

场

人货场

附录　十问胖东来

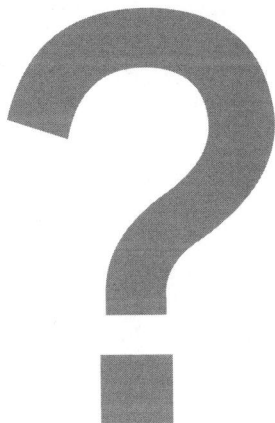

第一部分

企业外部管理

引子

　　假设你刚刚被任命为胖东来某家门店的店长，今天是你新上任的第一天，一大早，你想去店里看看，了解一下情况。为了能观察到最真实的情况，你打算来个"微服私访"，所以你既没有通知员工，也没有穿工服。现在，你走到了店门口，如果只给你半个小时的时间，请问你会观察什么，又希望得出什么结论？

首先，你会观察人。除了工作人员，店里主要是顾客。对于顾客，你会观察他们的年龄和着装，了解顾客的基本构成。除此之外，你会观察他们购物的动线是否合理，有经验的店长还会观察顾客在每个货架前停留的时间，以确定顾客对不同商品的偏好。

其次，你会看看店里陈列的商品，商品是否齐全，货架是否整洁，价格标签是否完整等。比如饮料区，是只有碳酸饮料，还是各种品类一应俱全；就某个品类来说，是只有少数几个大品牌，还是各种品牌合理搭配；饮料陈列是歪歪扭扭的，还是其商品标签方向一致，统一面向顾客；商品价签是否正对货品，价签标价是否清晰；如果商品促销，有没有明显标识，促销信息是否清晰等。

看完这些，你会再观察一下整体的环境，照明、消防设备是否完好，地板、货架是否干净，洗手间、垃圾桶、各种卫生死角是否能及时清理。有经验的店长还会注意一些细节，比如两排货架之间走道的宽度，服务人员和顾客说话的语气、话术等。

以上这些，是零售业门店管理的基本点，用三个字概括，就是"人、货、场"。我们学习胖东来，也可以先从企业外部管理的人、货、场入手。看看胖东来在这三个方面有什么高明之处，又有哪些值得我们借鉴。

第 1 章

顾客
——真正洞察顾客的需求

洞察就是透过表面的现象深入内部，找出顾客（或消费者、用户、客户）能感觉到但不一定能总结出来的需求。福特汽车的创始人亨利·福特有一句名言，他说，如果当初我问顾客他们想要什么，他们应该会告诉我，他们想要一匹更快的马。同样地，在胖东来没有诞生之前，你去问顾客到底需要一家什么样的超市，没有人能勾画出胖东来现在的样子，顾客的需求需要从业者自己去挖掘、总结。

"

来回5个小时，顾客就为了逛逛胖东来

住在郑州的贾晓月把自己这个周末命名为"逆向逛街"，别人都是住在小城市，专程跑到大城市逛街，而她正好反过来，她住在郑州，要什么都能买得到，可她偏偏喜欢去离郑州约100公里[1]的小城市许昌逛街，只因为许昌有个胖东来。

她倒不是为了凑热闹，作为土生土长的河南人，她早就听过胖东来的大名，早几年也专程来打过卡。现在她差不多每个月会来1~2次，她熟悉许昌胖东来的门店，比如周末的话，不能去天使城店，因为人太多，排队要很久。她最常去的是胖东来北海店和金三角店，这两个店都是以超市为主，上下三层，面积够大，停车位也够多。关键是这两家店的商品也比较全，需要什么一次就能买齐。

来回开车5个小时，到底图什么？是胖东来的东西便宜吗？并不是，同样的东西这里不见得比郑州便宜，再算上来回的油费、高速费，加上搭进去的时间，肯定是不划算的。是胖东来有什么郑州没有的东西吗？是，也不是，胖东来虽然有一些自营商品，比如网络上热议的胖东来网红大月饼，胖东来啤酒，胖东来白酒等，但这些并不是吸引贾晓月来胖东来的主要原因，一来这些东西不见得每次都能买到，二来这些东西她之前都买过，也不太有新鲜感。大部分时间，她就跟本地的顾客一样，买点水果、面包、牛奶，鸡肉或者牛肉，有时候会买点加工好的熟食，偶尔也会在一楼百货区买点日用品。每次消费200~300块钱。她有一张胖东来的积分卡，到现在为止，大概积了10000多分。

到底为什么舍近求远来胖东来，贾晓月自己也说不清楚，如果非要找个理由，

---

1. 1公里等于1000米。

也很简单，就两个字：舒服。说来也奇怪，这种舒服的感觉在郑州找不到，甚至在北京、上海也找不到。用贾晓月的话说，国内的超市，没有这样的。

胖东来火爆出圈的秘密

谁是胖东来

胖东来的前身是成立于1995年的许昌望月楼胖子店。1997年，望月楼胖子店更名为"胖东来烟酒有限公司"。1997年9月，许昌市胖东来烟酒有限公司正式成立，2002年12月，公司更名为许昌市胖东来商贸集团有限公司[1]。截止到2024年6月，胖东来共有13家门店[2]，主要分布在河南省许昌市以及河南省新乡市。

胖东来之所以被大家关注，并不是因为它的规模，根据中国商业联合会、中华全国商业信息中心联合发布的《2023年度中国零售百强企业》榜单，许昌市胖东来商贸集团有限公司仅以107亿元的销售额排名第52位，落后于同样在河南，销售额268亿元，排名29位的郑州丹尼斯百货有限公司。在这个榜单中，排名前五的企业销售额全部超过千亿元，胖东来跟他们也不在一个量级。[3]

很多人觉得胖东来的爆火是因为它的优质服务，在社交媒体上，人们不吝用"零售界天花板""神级服务"这样的词语来形容胖东来。不过，也有一些人觉得，现在超市都是自助购物，自己挑选商品，自助结账，全程没有体验到胖东来

---

1. 企查查搜索"许昌市胖东来商贸集团有限公司"。
2. 13家门店中，有9家综合型商场（时代广场、生活广场、新乡大胖、新乡生活广场、北海店、金三角店、金汇店、禹州店、天使城店），1家大型服饰专业卖场（服饰大楼），3家中型社区超市（云鼎店、人民店、劳动店）。
3. 根据《2023年度中国零售百强企业》榜单，排名1—5位的分别是：北京京东世纪贸易有限公司、大商集团有限公司、沃尔玛（中国）投资有限公司、居然之家新零售集团股份有限公司、广州唯品会信息科技有限公司。

服务员的服务，喜欢胖东来的原因只是某种说不清楚的奇妙感觉。当然，也会有些人觉得，胖东来之所以被大家认可，还是东西好，价格合理，童叟无欺。

以上三种情况，其实概括了胖东来给大家提供的三种价值。

第一叫商品价值，作为一个商超品牌，胖东来的业务基础是商品交易，服务再好，如果商品质量很差，顾客也不会满意。所以，首先，胖东来要提供优质的，富有性价比的商品。大家觉得胖东来卖的东西好，价格合理，童叟无欺，这就是商品价值。

第二叫体验价值，光有好的商品还不行，大家来逛超市（逛商场），追求的是过程的愉悦性，这包括对卖场硬件的要求，比如灯光要明亮，货架要干净，走道要宽敞；也包括对软环境的要求，比如服务员要笑脸相迎，咨询要有问必答，出了问题要快速得到解决等。大家觉得胖东来卖场硬件好，服务态度好，营业员周到细心，这就是体验价值。

第三叫情绪价值，情绪价值是目前非常火的一个词，是指商品或者服务能带给顾客某种情感体验。举个例子，你在超市买了很多东西，提不动，这时候有个服务员跑过来，很热情地说："姐，我帮你提到车上去吧。"遇到这种情况，你会非常感动，因为帮你提东西并不是服务员的义务，但他却主动伸出援手，会让你觉得很温暖。这种服务带给你的正向情绪就是情绪价值，胖东来经常能给顾客提供这种情绪价值。顾客感受到商家的善意，在胖东来购物感觉很奇妙，很舒服，又不知道用什么词概括，这体现的就是服务带来的情绪价值。

胖东来到底有什么不一样

讲到这，可能很多人不理解，买东西不就是追求质优价廉吗？同样的东西，谁家便宜买谁的，为什么要考虑这些虚头巴脑的东西呢？

的确，每个人可能都希望花最少的钱买到最好的东西，过去人们买东西，追求的是商品价值最大化。比如我口袋里只有五十块钱，品质都一样时，谁家猪肉便宜我买谁家的。至于购物环境好不好，老板对我热情不热情，购买的过程是不是舒心，这些都不重要，因为我最终的目的是买到物美价廉的商品，哪怕为了买东西我生了一肚子气，哪怕因为讨价还价跟老板吵了一架，只要我最后能花最少的钱把东西带走，我就胜利了。

但是现在的顾客不同了，他们不再追求纯粹的低价格，而是要追求整体价值最大化。什么叫整体价值呢？

首先，商品本身的品质要好。同样是猪肉，有的超市卖15元一斤，有的超市卖30元一斤，我会比较谁的品质更好，如果便宜的猪肉不太新鲜，别说15元一斤，白送我我也不会要。

其次，购买体验要好。过去人们靠自己的经验去判断商品的好坏，比如去菜市场买猪肉，家庭主妇凭经验挑挑拣拣，如果最后挑的猪肉不好，也只能自认倒霉。如果是去胖东来买猪肉，你根本不需要生活经验，你可以请营业员做介绍，比如介绍贵的贵在哪，好的好在哪。买东西的时候不用讨价还价，也不用担心商家缺斤少两。买完之后出了问题，随时都可以退换。相比起过去需要跟商家斗智斗勇，现在这种购物的体验就非常轻松。

最后，情感的体验要好。我们都有这样的体会，同样两家饭店，一家每次你去吃饭时老板对你都爱搭不理，冷若冰霜，另外一家每次你去吃饭时老板都笑脸相迎，还会跟你拉拉家常，嘘寒问暖，请问你更喜欢哪一家？相信大部分人都会选择后者。逛超市也是一样的，有的超市就是"公事公办"，营业员像机器一样冰冷，有的超市就让人觉得宾至如归，同样是花钱，为什么不给自己找点开心呢？

这么一分析，我们就理解了为什么胖东来要提供这三种价值，这说明它了解现在的顾客，洞察了顾客的真正需求。说白了，现在的顾客和30年前不一样了，"90后""00后"的顾客跟"60后""70后"的顾客是完全不一样的，他们的生活环境不一样，可支配收入不一样，消费理念也不一样。随着越来越多"90后""00后"成为消费的主力，理解他们的需求并提前做好准备的胖东来当然更受欢迎。

也许有人会说，我不需要这个价值那个价值，我就是图便宜；也许有人会说，我不喜欢跟人打交道，我宁愿去那些冷冰冰的超市，买完东西就走，我也不需要跟谁应酬。没错，一定有这样的顾客群体存在，也一定会有商家满足这一类顾客的需求，而这恰恰帮胖东来做了"筛选"——既然不能服务所有人，那就服务好那些自己能服务的顾客，这就是市场细分。胖东来只要服务好追求整体价值的这部分顾客就足够了。

洞察目标顾客的需求

这么简单的道理，为什么很多商家并不明白呢？为什么还有很多商家苦于打价格战，进退两难，依然找不到适合自己的发展道路呢？不是因为价格战不能打，而是这些商家没有形成对顾客的洞察，只是凭感觉，认为顾客应该想要这个吧，应该想要那个吧。可以说，每一个"打不准"的背后，都不是因为枪法不好，而是因为"瞄不准"。

举个例子，几乎所有人都看好中国咖啡市场增长的潜力，过去10年间，中国也诞生了无数的本土咖啡品牌，但相比于咖啡巨头星巴克，这些品牌不管怎么努力，也只能屈居第二梯队，直到瑞幸咖啡出现。瑞幸发现，中国的咖啡消费跟美国非常不一样，第一，中国的咖啡消费者更加年轻化，容易接受新事物；第二，中国的咖啡消费者对新奇产品的追求超过对咖啡本身口感的追求；第三，中国的咖啡消费者更看重咖啡的社交媒体属性，易于拍照分享（社交媒体传播）显得更重要；第四，中国的咖啡消费者对咖啡价格比较敏感，产品有特色又有性价比，就有机会成为爆品；第五，公司员工和时尚人群是中国咖啡消费的主力，家庭咖啡消费短期内很难提升。

有了这些洞察，瑞幸咖啡每一步都走出了好棋，在产品上，推出有话题性的爆品，比如和茅台合作的"酱香拿铁"，上市首日即卖出542万杯，单品销售额破亿元。[1]在店面布局上，主打商场和写字楼，利用店面自取和线上配送的形式，打通渠道；在价格上，推出各种买赠优惠券，以及9.9元咖啡产品，彻底带来行业的大洗牌。2023年，瑞幸咖啡总销售额为34.5亿美元，一举超过了星巴克中国，成为国内排名第一的咖啡品牌。在门店数量上，截止到2023年年底，瑞幸有16248家门店[2]，是星巴克中国6806家的两倍多。[3]

所以，到底什么是对顾客的洞察？为什么不是观察、考察、体察，而是洞察？

洞察就是透过表面的现象深入内部，找出顾客能感觉到但不一定能总结出来的需求。福特汽车的创始人亨利·福特有一句名言，他说，如果当初我问顾客他们想要什么，他们应该会告诉我，他们想要一匹更快的马。同样地，在胖东来没有诞生之前，你去问顾客到底需要一家什么样的超市，没有人能勾画出胖东来现在的样子，顾客的需求需要从业者自己去挖掘、总结。这不是花钱请第三方做一次问卷调查就能解决的问题，这需要建立在对顾客行为、市场流行趋势、社会思潮、未来趋势等深刻理解的基础上，需要反复检验，不断优化，就好像打靶一样，想要真正瞄准靶心，就需要不断调整准星，最终达到三点一线。

---

1. 央视网，《"单日单品销量超 542 万杯，销售额超 1 亿元"背后：4 问"酱香拿铁"》，2023-09-06。
2. 顶端新闻，《瑞幸咖啡发布 2023 年财报：全年营收 249.03 亿元》，2024-02-24。
3. 北京日报，《星巴克中国 2023 财报公布，全年收入 30 亿美元》，2023-11-03。

每个行业面对的顾客群体都不一样，甚至同一个行业，每个地区的顾客群体也不一样，有些人学习胖东来希望走捷径，胖东来用什么办法，它照搬照抄，这肯定是不行的，你需要去洞察自己所在行业、所在区域的顾客群体，真正了解他们的需求。胖东来提供的是认知和方法，真正的经验，需要你自己在实践中积累。照搬胖东来的经验，多半会水土不服。

在外部管理的人、货、场中，人（顾客）是最重要的因素，也是最多变的。打通外部人、货、场的第一步是洞察顾客，这看似简单的第一步，却值得我们花精力好好琢磨。

向胖东来学习如何洞察顾客

所谓洞察顾客，其实就是搞清楚四个问题：第一，谁是你的顾客？第二，这些顾客在哪里？第三，这些顾客有什么需求？第四，如何满足顾客的需求并超越这些顾客的期待？

谁是你的顾客

没有一家企业的顾客是"所有人"，顾客（或者消费者、用户、客户）之间是非常不一样的，尤其像中国这样的市场，人口构成比较复杂，一家企业很难把所有人都转化成自己的顾客。所以就要有所取舍。以胖东来为例，它提供的是优质的商品和绝佳的购物体验，这就决定了它针对的是那些不仅追求品质与性价比，还对购物环境和消费感受有要求的顾客。

有时候，当企业不容易界定哪些人是自己的顾客时，还可以使用排除法，就是把那些肯定不属于自己的顾客的人排除掉，那么剩下的就是自己希望针对的顾客群。像之前提到的瑞幸咖啡，家庭用户就不是它针对的顾客群，具体来说，小孩、中老年人、远离职场和时尚的家庭主妇、生活习惯比较传统的男士等，这些都不是它的目标顾客。换句话说，欧美家庭那种早上要准备一壶咖啡供全家饮用的场景，并不在瑞幸咖啡目前的考虑范围内。

当然，识别目标顾客也并不是绝对的，比如瑞幸咖啡主要针对职场白领和时尚人士，那么有没有可能有些家庭用户也变成品牌的顾客呢？比如一家三口逛街，走累了，爸妈和孩子一人买一杯咖啡？这完全是有可能的。

胖东来也一样，有没有可能那些只希望买低价商品的人也去逛胖东来呢？当然有可能。一些外地人想购物却来不了，于是当地产生了"代购"这个群体。代购并不在胖东来原本对顾客的规划之中，但当这些人化身为顾客走进胖东来时，胖东来依然要接待他们。

企业需要抓住的是自己的主流顾客，在后续设计产品、服务、场景的时候，要考虑的也是这些主流顾客的需求。有时候，为了让这些顾客的形象更清晰，企业还会使用"用户画像"的方法去描述顾客特征。所谓用户画像，就是构建一个虚构的角色，通过定义这个角色的各种特征来描述某个顾客群体的特点。比如我们可以结合之前的分析，给瑞幸咖啡做两个用户画像：

顾客A，女，18岁，石家庄某高中高三学生，每个月大约有800元的零花钱，喜欢流行音乐，有微博、小红书账号。关注娱乐和明星绯闻。每周会和朋友一起逛街。

顾客B，男，35岁，海外留学硕士毕业，北京某外企人力资源主管，月收入24000元。平时工作比较忙，经常加班。喜欢摇滚乐，喜欢打篮球，喜欢手冲咖啡。业余收集各种游戏手办。某自驾俱乐部会员，会跟着朋友一起去世界各地旅游。

以上这两个用户画像，其实代表了瑞幸咖啡顾客群中的两类人，顾客A代表了对时尚和流行文化比较关注的消费者，他们的年龄在15~45岁，有男性也有女性，他们对咖啡这种饮品接受度比较高，很容易成为重度消费者，也容易形成品牌忠诚度。他们喜欢网络社交，会借助社交媒体分享自己的生活。顾客B代表了职场白领这一类消费者，他们一般工作比较忙，工作压力大。不过，他们有不错的收入，消费能力比较强，也愿意接受新事物，对时尚、国际化的美好生活有追求。

一般来说，每个用户画像对应一类顾客，用户画像有助于企业更形象化地理解自己的客户。

这些顾客在哪里

分析顾客在哪并不是真要找到具体的地理位置，而是要识别出顾客所属的地区、群体类型和日常消费习惯，从而加深对顾客的了解。

以胖东来为例，胖东来最开始只有实体门店，它的顾客群主要是当地老百姓。一般来说，他们到胖东来购买的是生鲜果蔬、蛋奶肉类、熟食和各种加工食品，药品、烟酒，以及一些日用品。2023年，胖东来开通了线上商城，这样一来，顾客群就从河南一地拓展到了全国。理论上来说，全国的顾客都可以通过线上商城下单，购买胖东来的商品。不过，根据胖东来对顾客群的定位，即便是线上购物的顾客，也是那些认可胖东来理念，对品质和美好生活方式有期待的顾客。

了解顾客在哪是为下一步的场景和商品规划做准备，一来在购物过程中他们有什么具体的需求，二来这部分的顾客会选择什么样的商品，比如胖东来过去服务的是许昌、新乡本地的老百姓，这两个地方很多顾客是骑电动车来购物的，那么胖东来就要考虑他们的需求。像许昌胖东来时代广场店，就有专门供电动车停放的免费车棚，夏天的时候还有专门给电动车座降温的"便民水桶"。而针对线上商城，胖东来主要提供胖东来自有品牌的产品，比如胖东来啤酒，胖东来矿泉水等，因为这些产品顾客在当地买不到，线上商城正好填补了这个空白。

这些顾客有什么需求

一般来说，顾客的需求包括三部分，一是对商品和服务的基本需求，二是对体验、情绪的延伸需求，三是对社群、文化等超越期待的需求。举个例子，如果你打算买一台新能源电动汽车，首先，你对商品和服务有需求，比如电池的续航里程、整车做工、安全性能、车内环保指数、质保周期、产品价格，再比如销售人员的专业度等。其次，你对体验和情绪有需求，比如试驾体验，咨询时销售人员的态度，售后是否贴心等。最后，你对社群、文化等有需求，比如是否有车友社群，有无定期的车主联谊活动，品牌文化是否积极正面等。

在众多顾客需求中，有些需求比较容易用数字衡量，比如刚刚提到的电动汽车的续航里程、安全性能、质保周期、产品价格、每年有几场车主活动等，而有些不方便用数字衡量，比如咨询时销售人员的态度，售后是否贴心等。针对后者，企业会采用顾客回访或者调查问卷的形式调查，希望得到比较真实客观的反馈。

分析顾客需求的时候，可以从不同的维度切入。

比如按照时间顺序，可以分为：

·购买前需求（咨询、了解信息）；

·购买中需求（体验、接触）；

·购买后需求（售后服务、顾客关系维护）。

按照需求的层次划分可以分为：

·顾客的基本需求（完整的购物过程）；

·顾客的延伸需求（附加的服务和价值）；

·顾客的超越期待的需求（额外的惊喜）。

如何满足顾客的需求并超越这些顾客的期待

满足顾客的需求就是给顾客真正想要的东西，但很多时候，商家会按自己的想法给顾客很多他不想要的东西。

举个例子，我们逛服装店，本来只是想安静地看看衣服，但是有个销售人员或者导购跟在你的身后，不停地说话，"想看点什么""有什么我可以帮到你""喜欢哪件都可以拿下来试穿"。这种服务有时候会让人很不舒服，你不搭理她吧，感觉不太礼貌，搭理她吧，又影响自己逛街的心情，所以只能随便找几句话应付一下，然后匆忙地逃离这家店。

为什么会出现这种情况呢？因为顾客随便逛逛并不产生销售额，店铺老板希望把闲逛转化成销售，所以老板会要求员工通过这些话术引导顾客，甚至逼单（比如告诉顾客这款商品很热销，有限时打折等），让顾客快速从观察阶段过渡到体验和购买阶段。但这是不是顾客需要的呢？对于那些只是想逛逛并没有明确动机的顾客，这种方法反而会让他觉得尴尬。

但这是不是意味着商家应该对顾客疏离一点呢？也不是，有的顾客目的性很强，到店里就是买衣服的，这时候，导购就应该及时跟上，给他提供一些帮助或者建议。说白了，导购做什么取决于顾客需要什么，而不是导购或者老板希望顾客怎么样。有些老板信奉"推销主义"，希望导购通过三寸不烂之舌说服没有购买意向或者意向不强的顾客，比如在一些旅游景点或者纪念品商店，导购说服顾客买了一堆东西，但大多数情况下，这样的消费体验，顾客满意度并不高。

那么，什么叫超越顾客的期待呢？简单来说就是，顾客想要的商家能满足，顾客没有想到的或者没有期待的，商家也能满足。所以超越顾客的期待有时候也被称为超越顾客的需求。

怎么做才能超越顾客的期待呢？方法也很简单。

第一，提供超越顾客期待的商品和服务。比如在商品方面，顾客花200元买了辆自行车，本来以为只能骑一两年，没想到骑了10年都没出过大问题，这就超越了顾客的期待，以后他逢人就会夸这个品牌或者厂家。

第二，设身处地地考虑顾客，而非商家自己。比如去餐厅吃饭，因为不知道菜的分量点多了，这时候老板提醒你，让你少点几个菜，遇到这种情况，你会觉得感动，为什么呢？因为你觉得这个老板在为你着想，宁肯自己少赚钱，也不让你花冤枉钱。这也超越了顾客的期待。

第三，有利益冲突时，优先考虑顾客利益。比如顾客逛超市，不小心打碎了货架上的红酒。按理说顾客是有责任的，甚至需要照价赔偿，但是商家却认为这是自己货品陈列的问题，不要求顾客赔偿，而是自己承担责任。这种处理方法也会超越顾客的期待。

总结一下，洞察顾客有4个步骤，分别是识别顾客（谁是你的顾客）、定位顾客（这些顾客在哪里）、识别顾客需求（这些顾客有什么需求）、满足顾客需求（如何满足顾客的需求并超越这些顾客的期待），这4个步骤能帮助企业建立跟顾客的真正连接，也是企业开展后续所有经营活动的基础。

从商品认同、品牌认同到文化认同，胖东来真的懂顾客

商品认同是基石

我们购物的时候经常会提到一个词，叫"挑选商品"。比如去菜市场买苹果，我们希望货比三家，找到东西好、价格又合理的商家，然后我们在同一堆苹果上也会挑挑拣拣，希望选出所有苹果里品相最好、最新鲜的。

胖东来颠覆了人们的这个习惯，很多人说去胖东来购物可以"闭眼入"。什么意思呢？比如买苹果，你不用去不同的超市做对比，胖东来就是那个"东西好、价格又合理"的商家。在胖东来买苹果，你不用挑挑拣拣，因为服务员已经帮你做过了筛选，有磕碰的、不熟的、个头太小的苹果已经被筛出去了，货架上每个苹果都一样优质，你闭着眼睛拿就行，绝对不会拿错。

再比如，你来到饮料柜台，随手从货架上拿了一瓶可乐，你不用担心拿到的可乐瓶身有污渍，更不用担心可乐过期，以及找不到商品标签这些问题。在你拿起这件商品之前，胖东来的服务员已经帮你把好关了，货架上的每一瓶可乐都是干净的、合格的，而且商品标签统一对外，排列整齐。

可能有人会说，这有什么难的，多用点心就行了，这种标准我也能做到。没错，整理货架上的苹果和可乐都不难，难的是整个超市、整个商场的所有商品都能达到这个标准，而且不是某一天达到这个标准，是一年365天，每一天每一分钟

都达到这个标准，这就不容易了。为什么呢？因为货架收拾得再整齐，也经不起大量顾客的翻动。以苹果为例，早上货架上的苹果还都是整齐的，如果不频繁整理，到了中午就会被翻得不像样了。可乐也是一样，本来摆得整整齐齐，你拿一瓶我拿一瓶，如果不频繁整理，很快货架就乱了。如果你经常去超市购物，就知道这样的情况非常普遍。

因此，很多超市会降低要求，尤其是生意比较好的超市，本身人手就不够，在商品管理上就不会再有那么严格的要求了。然而，胖东来在这一点上做得就非常好，即便现在胖东来声名在外，短期内可能会涌入大量顾客，很多门店都处于超负荷运营状态，但是它在商品质量、商品陈列、商品展示上依然做得很好。因此，顾客对胖东来的商品有一个基本的判断，那就是：放心。

对商品放心意味着什么？换成商业的语言，叫"商品认同"，也就是说顾客信任胖东来的把关标准，也信任胖东来做生意的操守。同样一瓶矿泉水，明明别的超市也能买，为什么要大老远跑到胖东来买，甚至还要排一个小时的队？就是因为顾客对胖东来的商品是认同的，而且不只是信任矿泉水，这种信任会延伸到胖东来的所有商品上——胖东来网红大月饼、胖东来红丝绒蛋糕、胖东来啤酒、胖东来茶叶、胖东来银饰……这些商品被大家疯抢，相关的新闻也快速登上热搜。因此，有人说，胖东来卖的不是商品，而是信任关系，这种信任关系不是靠商家的口号和广告宣传形成的，而是靠货架上每一件商品和每一次让顾客放心的交易形成的。

商品认同是一切交易的基石，同时，商品认同也让商品交易的过程变得简单。很显然，胖东来洞察到了这一点，因此，胖东来一方面通过优化采购流程，增加自有品牌商品，保证商品本身的质量；另一方面，通过卖场陈列、商品介绍等，让顾客感知到优质的商品。这样双管齐下，使胖东来在顾客的心智地图里树立了一个形象，一想到胖东来，大家第一个想到的就是"优质商品"。

品牌认同是延伸

不过,光有优质商品提供者这个定位还不行,因为在整个市场中致力于提供优质商品的企业有很多,胖东来的商品的确很优质,但京东商城的商品也很优质,盒马鲜生的商品也很优质,在这么多提供优质商品的企业中,顾客为什么选择胖东来呢?

超越商品认同之上的是品牌认同,单单靠商品认同只能培养理性的顾客,企业和顾客的关系最多也只是买卖关系。而品牌认同能培养忠诚的顾客,企业和顾客的关系也会变成更稳固的情感关系。

品牌是商品经济发展的产物,最开始,人们买东西只关注商品本身的质量和性价比,比如去买面包,顾客会货比三家,挑最好的那个。慢慢地,人们发现,有些商家提供的大多数面包品种都比较好,那么就会一直去他家买,这家面包店的名字就逐渐成了它的品牌。这个品牌的名声慢慢传开后,很多人冲着这个品牌就来了,根本不需要验证商品。这就是品牌的力量。

同样地,胖东来也不是一开始就有这么多拥护者,最开始它就是一家很小的烟酒门市,因为商品质量好、童叟无欺,慢慢地它汇聚了一批本地忠实顾客。这些顾客最开始只是认同胖东来的商品,慢慢地,大家开始认同这个品牌,胖东来的名气也从许昌的某条街道传遍了整个许昌、整个河南,现在甚至传遍了全国,这就意味着顾客对胖东来的态度已经从商品认同过渡到了品牌认同。

品牌认同的建立是一个漫长的过程,可能需要几年甚至十几年,但打破品牌认同却非常容易。以胖东来为例,如果现在开始,胖东来卖一些假冒伪劣商品,顾客上当受骗,立即就会产生不信任感,这种不信任也会快速蔓延到所有在售商品上,也许整个超市只有矿泉水是假的,但是在顾客眼中,可能整个超市的商品都是假的,胖东来也是不可信任的。一旦这种想法进入顾客的心智,那么品牌认同瞬间就消失了。这也是为什么很多品牌经过了几十年辛苦的经营,可能因为一条负面新闻，品牌就崩塌了。

品牌认同是商品认同的延伸，一般来说，顾客先得认同商品（或服务），然后才会认同品牌。商家不可能不依赖商品（或服务），凭空造出一个品牌。反过来说，品牌认同又会传导到商品认同上，有了品牌认同，消费者对商家的商品（或服务）会形成天然的好感，这也是很多人因为喜欢胖东来，觉得胖东来销售的商品都好的原因。

文化认同是拔高

2024年3月26日，胖东来创始人于东来在中国超市周论坛上表示，胖东来今年新增10天员工"不开心假"，员工不开心、不想上班可以请假，管理层不能不批，不批就违规了。[1]消息一出，网络上的讨论瞬间沸腾了，在某媒体平台，点赞最多的一条评论是"什么时候我们单位能像胖东来这样"。

其实，不只是胖东来的放假制度，跟胖东来有关的很多话题都能快速登上热搜并得到大家的响应，比如：

"胖东来保洁未来年薪能拿到30万元"；

"胖东来户外大屏只播新闻不播广告"；

"擀面皮赔偿事件胖东来'赢麻'了"；

"胖东来设立5000元员工委屈奖"；

"捐款7800万的于东来'活该'发财"。

表面上看，人们参与这些讨论只是对社会事件发表个人看法，实际上从更深层次而言，人们借助这些评论，表达的是个人对企业价值的认同。

---

1. 河南商报，《这家企业新增十天"不开心假"：不开心就休假，不能不批！》，2024-03-28。

比如关于对胖东来员工上班时长、休假、工资的讨论，看似大家在讨论胖东来的相关政策，实际上反映了大家对合格雇主的期待；关于对胖东来设施和服务的讨论，看似在讨论商场经营问题，实际上反映了大家对优秀商场的期待；关于胖东来对公益捐款、顾客赔偿的讨论，看似在讨论胖东来的担当，实际上反映了大家对企业造福社会、勇于承担社会责任的期待。

过去人们评价一家企业，会用一些客观的可衡量的标准判断，比如会说这是一家大企业或者小企业，是一家盈利的企业还是亏损的企业，但现在人们更愿意用一些价值指标判断，比如，这是一家有良心的企业还是没有底线的企业，是一家值得尊敬的企业还是唯利是图的企业。对于顾客和社会公众来说，过去大家会把企业看成冰冷的、跟自己关系不大的组织，但现在，大家更愿意把企业看成有血有肉有温度的组织，会赋予它个性化、人格化的特征。这样一来，消费者就会跟这家企业产生关联，这种关联就是文化认同。

以胖东来为例，顾客很少关心胖东来有几万平米的面积，有多少名员工，而史多会关心它"真正把顾客装在心里""真的对员工好""真的有担当""真的舍得分钱"。这些夸赞如果放到某个人的身上也完全说得通——大家描述胖东来就好像在描述自己的一个朋友，这种赋予某个品牌人格特征的方法就叫"人格化"。一旦品牌开始人格化，大家对这个品牌的认知就会再拔高一个层次，从过去的心智定位上升到情感共鸣。

心智定位是某个品牌对应的概念在人们的头脑所占据的特定的位置，比如，想到去头屑就想到海飞丝，想到高档手表就想到劳力士，想到高质量商品就想到胖东来。相对来说，心智定位还是比较理性的。而情感共鸣是想到某个品牌时人们心中就有强烈的情感认同感，比如想到苹果（品牌）就想到创新，想到耐克（品牌）就想到勇于突破等。很显然，情感共鸣是比较感性的，它跟品牌的调性和文化相关。

　　情感共鸣产生文化认同，而文化认同又是品牌认同的升级，相当于顾客对品牌的理解加深了——我不但喜欢这个品牌，我还知道为什么喜欢它。比如现在民族品牌兴起，为什么很多人喜欢比亚迪，喜欢华为，不只是因为品牌的logo、宣传语，而是因为它代表了领先的科技，以及从0起步不断突破的精神。人们为什么喜欢胖东来，不只是因为胖东来东西好、品牌口碑好，而是因为它代表的尊重顾客、尊重员工，回报社会的良心文化、大爱文化。顾客认可这种文化，期待跟这种文化有关联，所以认可胖东来。

　　总结一下，顾客最开始通过购买胖东来的商品接触胖东来，在多次体验和交易的过程中，形成对胖东来品牌的认同，随着对胖东来了解的加深，开始对胖东来有了文化认同。如果把商品认同当作地基，品牌认同就是地基上建成的高塔，而文化认同则是高塔的塔尖。我们看到的是顾客对胖东来的认可，是网络上关于胖东来的热搜，是社会舆论对胖东来的支持，大家不太会注意到的是这个"高塔"的搭建过程。

　　事实上，到今天为止，胖东来依然通过商品优化、自身形象打造、文化理念传播等方式强化顾客对它商品的认同、品牌的认同和文化的认同，这也意味着，胖东来这座"高塔"还在不断加固和完善中，而这个过程也推动着胖东来持续进步、永续发展。

胖东来启示录1：不是你的经营手段错了，而是顾客的需求变了

为什么是胖东来

很多人看到胖东来的商业案例都会感慨，零售这个行业真是"旱的旱死，涝的涝死"。有些商场无论怎么打折、怎么做广告都没人来，几千平米的商场人烟稀少，工作人员比顾客都多。而胖东来是卖什么火什么，每个商场都人满为患，每天顾客排着队来"送钱"。

对这个现象，100个人可能有100种不同的解释，比如有人会解释说这是因为胖东来的服务态度，退换货政策，大爱的文化，老板的格局等。这些解释多半都是从企业经营策略和管理制度的角度来比较胖东来和其他零售企业的不同。很少有人从外部环境和企业对外部环境的认知这个更宏观的角度来分析。

我们可以假设一下，如果没有中国这20年经济的快速发展，胖东来可能会一直停留在过去望月楼胖子店那个阶段，从事烟酒批发，赚点小钱，虽然在当地有一定的知名度，但绝不会是现在胖东来的样子。

从企业的角度来说，顺应潮流，把握变化的趋势才是根本的制胜之道。中国经济近几十年的发展给每家企业都带来了机会，在发展和变化中，有些企业顺应了潮流和趋势，而有些企业还在原地踏步，这成为拉开不同企业之间差距的根本原因。

总结一下，胖东来之所以能成功有两个外部条件：一是急剧变化的外部环境，这是机缘，机缘面前，每家企业都平等；二是对变化的认知和应对策略，这

是机会，机会面前，有些企业能抓住，有些企业抓不住，对机会的把握带来了行业内企业的重新洗牌。

胖东来做对了什么

先来看看零售行业面对的机缘。

首先，经济和社会的发展带来老百姓可支配收入的提高，我们可能都有这样的体会，过去去趟菜市场花几元钱几十元钱，但现在去趟超市可能会花几百甚至上千元钱。这说明老百姓有钱了，对优质商品有了更大的需求。

其次，经济和社会的发展带来老百姓需求层次的提高，过去商品匮乏的年代，人们主要购买生活必需品，看中的是性价比。现在物资极大丰富，人们开始有精神需求、情感需求。过去人们不敢想象花3000元听一场演唱会，花两万元买一个LV的手提包，花五万元在欧洲玩一个星期，现在这些都是很正常的消费情境。

那么，胖东来是怎么把这些机缘变成机会的呢？

首先，因为顾客对优质商品有更大的需求，所以胖东来先从调整货品结构入手。不了解零售行业的人可能会觉得，胖东来有农夫山泉天然饮用水，有可口可乐，有康师傅方便面，有蒙牛牛奶，有乐事薯片，这些其他超市也有，胖东来也没什么特别的。但实际上，胖东来的商品分为引领性商品和功能性商品，简单来说，引领性商品是比目前顾客的消费水平高一点，能引领消费趋势的商品，而功能性商品就是能满足顾客某种需求，也在顾客消费预算范围内的商品。在胖东来，引领性商品占到20%，功能性商品占到80%。[1]功能性商品让消费者能买到各种必需品，保证超市的基本功能，而引领性商品带来新鲜感和多样性，保证超市的调性和品位。

---

1. 王慧中，《胖东来你要怎么学？》，龙门书局，2014-09，159 页。

其次，因为顾客需求层次的提升，所以胖东来提供全流程的优质服务。过去人们对服务的界定比较狭隘，必须有服务员跟你交流、帮你做事才叫服务，其实，商家跟顾客的每一个接触点都存在服务。简单来说，胖东来的服务员会服务你，胖东来的保洁、保安会服务你，胖东来的各种设施也会服务你，甚至胖东来设置的各种流程、退换货政策、积分政策等也在服务你。

举个例子，胖东来给部分洗手间装配了戴森的洗手烘干一体机，一台洗手烘干一体机一万多元，顾客逛超市能享受这样的设备是不是被服务了？2024年6月，胖东来商贸集团微信公众号发布《关于新乡胖东来餐饮商户"擀面皮加工场所卫生环境差"的调查报告》称将对顾客作出补偿，对所有在2024年6月9日至2024年6月19日期间在新乡胖东来两店餐饮部购买擀面皮、香辣面的顾客退款并每份给予1000元的补偿（每份售价8元）。商品有问题，商家主动联系顾客并给予商品原价125倍的补偿，顾客是不是觉得自己被服务了？可以说，胖东来就是通过这种立体服务，满足了顾客更高的要求。

另外，人们总说胖东来服务好，其实大家都忽略了一点，比优质服务更重要的是专业度，胖东来对商品非常了解，也知道怎么把优质商品的信息传递给顾客。要知道，现在的顾客越来越"懒"，并不是每个人都提前做好了功课才来购物，如果商家提前把商品的信息都准备好，顾客不用上网查资料来回比较，这样的话，购物过程是不是就变得非常简单？

而这也是为什么很多人愿意到胖东来购物的原因，很多商家都忽略了顾客购买前的这类需求，把精力更多放在打折、促销、微笑服务上。这都属于没有理解什么叫专业度以及全流程服务。

另外，购买过程中，顾客需要充分地体验商品，要体验商品，顾客先得感知到商品，并形成对商品的好感，这样才能帮助他们做出购买决策。那怎么才能更好地感知商品？这就需要在卖场环境、商品陈列上下功夫。举个例子，很多卖场照明用的都是白色的冷光，胖东来在做商品展示的时候，尤其在食品区做商品展示的时候基本上使用的是黄色暖光，这种光线一方面凸显了食品本身诱人的色泽，另一方面也营造了温馨的氛围。

其实，感知是一种综合的感受，它跟硬件条件有关，比如干净整洁的环境，温馨的灯光，轻柔的音乐；也跟人与人的互动有关，比如一句暖心的话语，一点温柔的关怀，可能就会让人有如沐春风的感觉。

现在很多商场都强调标准话术，但实际上，顾客需要的是真诚的沟通和有情感的交流。在这一点上，胖东来的做法也可圈可点。

因此，不要问"胖东来好在哪？"它只是把握住了大环境改变带来的机缘，把已经发生需求变化的顾客当成了机会。反观其他一些商场，对大环境和顾客需求的认知似乎还停留在20世纪80、90年代，商场内杂乱不堪不说，各种营销手段也非常陈旧，动不动就是全场清仓、换季清仓、店庆促销。在设施和服务上，也是只重表面功夫——门头装修很漂亮，但是停车场破败不堪；货架堆头很漂亮，但是厕所污水横流；门口迎宾很热情，但是营业员懒散敷衍。难怪有人说，不是零售行业不行了，是商家自己没跟上时代，放弃了自己。

胖东来对其他行业的启发

其实，我们身边的很多行业都在发生变化，有些变化比较剧烈，人们很容易就感知到了，而有些变化比较隐蔽，悄无声息地就发生了。

在各种变化中，最应该引起我们注意的就是顾客需求的变化。因为顾客需求变了就意味着商家也需要同步作出调整，那些没有看懂这些变化，或者看懂了却依然不肯改变的商家就有可能成为变化的牺牲品。

举个例子，餐饮行业我们都很熟悉，我们身边有各式各样的餐馆，像川菜餐馆、湘菜餐馆、韩餐餐馆、烧烤店、快餐店等。过去20年，中国餐饮业有了长足的进步，相应地，餐饮业的消费者，也在发生变化。这些变化就是这个行业面临的机缘。

顾客悄然发生了哪些变化？

首先，顾客从口味导向型转变为场景导向型。过去顾客用餐前更多考虑用餐的口味，比如上面提到的川菜、湘菜、韩国菜等，而现在，随着生活节奏的加快，顾客用餐前更多考虑用餐的场景而较少考虑口味，比如办公室点外卖这个场景，大家更在意的是方便快捷，至于今天点的是川菜、东北菜，还是日本寿司，其实不太重要。再比如街头小吃店这个场景，最重要的是店面位置、价位及给顾客带来的新鲜感，至于这家店是什么口味，大家的在乎程度也没那么高，可能同一个地方，上个月是汉堡店，下个月就改成了东北饺子，顾客还是同一拨人。

其次，顾客对餐厅的评价标准也更加多元化。过去顾客评价一家餐厅一般就两个标准：一是菜品好不好吃，二是价格合不合理。针对这两条标准，餐厅老板的经营策略也非常简单明了，一是优化菜品，提升口味，二是优化成本，合理定价。但现在，顾客的评价标准非常多元，不同类型的顾客对餐厅的评价标准不同。比如对于追求时尚的年轻人，他们的评价标准包括餐厅是否有网络热度，餐厅环境是否易于拍照分享，餐厅是否有明星大厨等。而对于追求健康和生活品质的中年人，他们的评价标准包括餐食是否少盐、少糖、少油、少添加剂，使用的是否是有机食材，餐厅的服务是否贴心等。

看起来，这些碎片化且多元化的标准没有交集，甚至是彼此冲突的，但仔细分析就会发现，顾客的诸多要求可以总结为两方面，一是菜品的品质要高，当然这种高远比之前要求的"好吃"要复杂得多；二是体验价值和情绪价值要被满足。简单来说，吃饭不再只是填饱肚子，顾客希望通过消费美食，获得身体和心理的双重满足感。

但现实的情况是，面对顾客的需求变化，很多商家选择视而不见，继续用原有的办法经营餐厅，比如更侧重推出特价菜，或者通过团购平台推出打折套餐等，这些都属于"急病乱投医"，因为商家根本搞不清顾客想要什么，只能这样"胡乱挥拳"，殊不知，这么折腾一大圈下来，不但吸引不到顾客，反而让餐厅本身元气大伤。

那么，到底怎么才能洞察顾客，把机缘转化成机会呢？

首先，要确定顾客用餐的场景。是堂食为主还是外带为主？是针对上班族的快速用餐，还是针对家庭或者商务的正式用餐？

其次，要分析在特定场景下，顾客的具体需求是什么。比如一家开在社区门口的包子铺，以外带和外卖为主，主要客群是社区居民。这时候，就可以进一步分析这个客群的需求，比如他们对健康、卫生和食材质量有较高的要求，并且他们喜欢温和亲切的服务方式。

洞察了顾客的需求，商家就可以有的放矢地采取行动，在食材质量说明上，可以做到食材公开，食材溯源。比如蒸包子的面粉来自哪里，有什么故事；馅料里的猪肉是哪里采购的，跟市面上的猪肉相比有什么独特之处；配菜里的小白菜是不是没有使用农药，是哪里的农户供应的；馅料里到底有几样东西，是不是都是纯天然的，没有添加剂……

以上这些内容看似琐碎，其实特别能打动目标顾客。说白了，这些顾客不怕包子卖得贵，就怕包子里用的原料把自己吃坏了。现在店家公开了所有的食材，相当于给顾客吃了一颗定心丸。

在沟通和服务方式上，商家可以跟顾客建立更亲切的关系，比如以"哥""姐"相称，营造一种家庭般的氛围，对于年纪比较大、腿脚不方便的顾客，还可以免费送货上门。每次推出新品的时候，也可以邀请老顾客试吃，尊重并采纳他们的建议，这样的话，顾客会觉得更有参与感，也会对商家（或品牌）倾注更多的感情。

以上以餐饮行业为例说明了如何把机缘转化成机会，其实这个方法对各个行业都适用。很多时候，不是商家不努力，也不是商家做错了什么事才导致经营困难，真正的原因是顾客的需求变了，商家没有跟上变化的节奏。

持续地洞察顾客既是一种态度也是一种能力，说态度，是因为任何的生意都要以顾客的需求为出发点，只有足够谦卑和诚恳才有可能看清楚顾客的需求；说能力，是因为洞察也需要方法和积累，商家跟顾客打交道的过程也是观察、理解顾客的过程，在服务顾客中理解顾客，也在理解后更好地服务顾客，这才是良性循环。

第 **2** 章

商品
——重新理解商品

　　胖东来的创始人于东来曾说过一段话："胖东来最早的时候和大家也是一样的，但是十几年前我们就把促销活动、做海报都停止了，把精力都用在了正事上，不断地进行商品优化，以前是想尽办法找低价、能拉人气的商品，但是这样就会永远让我们迷失着，好的客户看了我们的商品就不会进来消费，因为你不值得信任。如果我们一直做促销活动，本身客户是不想占便宜的，但最终却培养了占便宜的状态，这样我们不是成就了顾客，而是害了我们的顾客。"[1]

---

1. 胖东来官网"东来讲堂"，《【东来哥会议记录分享】联商学员第八课——成就幸福的团队，传播爱的美好》，2022-07-21。

胖东来的商品如何吸引顾客

贾鑫是山东烟台一家超市的老板，他早就听人说胖东来是"超市界的天花板"，因此一直想来看看，但超市琐碎事太多，他一直抽不开身。然而，某次月末盘点，他发现超市当月又亏了一万多元，这让贾鑫非常苦恼。于是，他一咬牙，干脆闭店一个月，他要用这段时间到河南考察，看看胖东来到底有什么经营秘籍。

都说外行看热闹，内行看门道，贾鑫这次来，主要来看"货"。他非常清楚，虽然外面把胖东来的服务说得神乎其神，但说到底，商品才是一家超市的灵魂，货不好，再好的服务也没用。

他先是来到饮料区，45度角拍了一张货架照片，然后拿起一瓶可乐，看瓶身保质期，看价签。这之后，他掏出随身携带的软尺，量了两排货架之间的距离。这时正巧有一个服务员在货架边补货，他赶紧拿出手机抓拍。他注意到补货时的一些细节，包括补货时用到的小推车，服务员补货后整理货架的动作等。

接着，他来到生鲜果蔬区，并发现几个有意思的小细节。胖东来切开的西瓜都会包裹保鲜膜，保鲜膜上有个笑脸图案正好位于切开西瓜剖面的中央。像土豆、萝卜、山药这些根茎类蔬菜，菜上没有泥土，一看就是有人提前清理过的；像大葱、大白菜、韭菜这种带叶蔬菜会提前用保鲜膜封装好，有些还提前打好了价签，方便顾客拿取。另外，生鲜果蔬区大量使用了暖色调射灯，使菜品有光泽感，显得很高档。

最让贾鑫震撼的是胖东来的加工熟食区。整个区域非常大，菜品种类很多，从卤味、油炸到各种主食应有尽有，而且这些东西看起来非常新鲜。显然，要做到这一点要么是商品周转快，要么是现做现卖，要么是靠中央厨房支撑。贾鑫没有想到，像许昌这样的三线城市，超市的加工熟食区居然可以达到这样的水平。要知道，即使像青岛、济南这样的大城市，很多超市的加工熟食区也是联营（合作）的，很难像胖东来这样搞自营。

贾鑫边走边记边拍照，这一趟下来，他真的很有收获。他准备回去之后彻底改造一下自己的店面，对于未来的规划，他感觉也更加清晰了。

从商品到商品组合

超市并不是千篇一律的

有人说，超市是最没有技术含量的生意。为什么这么说呢，有两个原因。第一，超市的商业模式非常简单，就是低买高卖。低价从厂家进货，高价卖给顾客，赚中间的差价，这个生意谁都能做。第二，超市的商品大同小异，一般超市卖的都是老百姓日常生活会用到的商品。说过来说过去就是那几个牌子，价格很透明，商家只能赚点儿辛苦钱，也不可能有太大的利润。

上面的说法虽然有一定的道理，但是也很片面。超市做的是商品流通的生意，赚取的是渠道应有的利润，但是超市不能把自己"渠道化"——如果超市只是渠道，它的竞争力会很弱，抗风险能力也比较差，因为现在的流通渠道非常多，除了超市外，批发市场、电商平台、社区团购、直播电商等都在和超市抢生意。很多超市经营越来越困难，就是因为它们只有渠道的属性，而不能提供任何的附加价值。现在房租、人工和各种运营成本很高，单凭低买高卖，超市很难赚取利润。

那什么叫附加价值呢？就是超市在进行商品流通的过程中，给商品或者给顾客带来的额外价值。以胖东来为例，首先，在货品采购把关上，顾客在这里能买到真货、好货，这就降低了顾客搜索和鉴别所耗费的时间和精力；其次，在货品准备上下功夫，例如从外面进来的大葱，去掉泥土，去掉烂叶子，用保鲜膜包装好，大葱还是那个大葱，但是经过这样的处理，顾客拿回去就能用，这给顾客带来了便利和价值；最后，根据顾客的需求和偏好，定制自有品牌的商品，像胖东来白酒、胖东来矿泉水、胖东来保鲜膜、胖东来食用油等，像胖东来面包和蛋糕、胖东来预制菜、胖东来熟食（见图2-1）等，这些也是胖东来专属的产品。这样一来，胖东来就从渠道商变成了**"生产+服务+渠道"**的模式，相比起简单的低买高卖，胖东来当然更有优势，也更能抵御风险。

图2-1　胖东来售卖的熟食和预制菜　（拍摄：刘杨）

另外，说到货品（商品）大同小异，这其实也是不准确的。每个超市其实都有自己的货品结构，即使对胖东来来说，大店和小店，旗舰店和社区店的货品结构也不相同。超市之间的竞争比的就是货品结构。例如，一家超市只卖一些常见品牌（也叫全国性品牌）的商品，例如娃哈哈的矿泉水、康师傅的方便面、双汇的火腿肠、维达的纸巾、蓝月亮的洗衣液等，而另外一家除了这些常见品牌之外，还有一些高品质的创新品牌，以及自有品牌产品，那么相比起来，后者的货品会更丰富，利润率也会更高。

不同类型的商品承载不同的功能

超市销售的商品品牌一般有三种类型，分别是全国性品牌、创新品牌及自加工品牌和自有品牌，这些商品类型组合在一起才能更好地满足顾客多方面的需求。

全国性品牌

全国性品牌一般对应着顾客的基本需求，它的存在不会给顾客带来惊喜，但是缺少了它顾客可能会很不舒服。例如你打算去超市买点熟食，顺便买点青岛啤酒，但是到了超市，你发现这家超市没有青岛啤酒，只有其他的品牌。要知道，青岛啤酒并不是一个小众品牌，连这种品牌都没有，那么这家超市就会给你留下不好的印象。你会认为这个超市东西不全，不能一站式购物，下次可能你就不会再来了。

因此，我们很少见一家超市完全脱离全国性品牌，只卖新品牌或者小众品牌，但这种全国性品牌的问题是，它们的价格太透明。例如农夫山泉550ml的矿泉水，一般在超市的零售价就是1.5元左右，你不可能卖到2元或者2.3元[1]。就算只是增加几角钱，大家还是会因为这几角钱的差价，觉得你店里所有东西都贵。

创新品牌

除了全国性品牌外，不少超市还会售卖一些知名度没有那么高，但是本身很有特点，或者品质比较好的商品，这种就叫创新品牌。举个例子，比较知名的瓶装茶饮品牌有康师傅、统一、农夫山泉等，现在A品牌推出了一款低糖气泡茶饮料，目前这个概念还比较新颖，一些全国性品牌还没有类似的产品。那么A品牌的这款产品就给顾客提供了一个新的选择，也增加了超市商品的多元性。

还有一种情况，在全国性品牌之外，有些创新品牌推出了更优质或者更有性价比的产品。例如在猫粮这个类别中，伟嘉猫粮知名度非常高，顾客也比较认可，现在B品牌推出了一款新的产品，这款产品降低了猫粮的咸度，对猫的肠胃更好，也能让猫的皮毛更有色泽，而同样分量的猫粮，它的价格只有伟嘉猫粮的三分之一。可想而知，这种产品对顾客也很有吸引力，售卖这样的商品也会给超市加分。

相比于全国性品牌，创新品牌有优点也有缺点。优点是创新品牌为了打开市场，一般推广力度大，留给商家的利润空间也比较大。例如厂家愿意向超市支付进场费、广告费，也愿意派驻推销员，提供试吃品、试用装等。缺点是创新品牌不一定能被顾客接受，可能占据了超市货架的好位置却没有产出相应的销售额。另外，创新品牌的质量也不像全国性品牌那么稳定，投诉率和退货率可能比较高。

自加工品牌和自有品牌

最后一类是商家的自加工品牌和自有品牌，像前面提到的胖东来面包、胖东来

---

1. 超市商品的零售价和便利店、街边烟酒店商品零售价会有区别，一般前者会低于后者。像农夫山泉550ml的矿泉水，在便利店、街边烟酒店会卖到2元甚至更高。

熟食、胖东来白酒，胖东来保鲜膜，胖东来矿泉水，胖东来食用油等。这类商品一般由商家自己生产，或者委托合作厂家贴牌生产。这类商品的好处是，商品质量有保证，便于把控成本和价格，也能跟其他渠道形成差异化竞争优势。另外，自有品牌反过来也能强化超市自身的品牌，以胖东来为例，虽然现在胖东来超市还没有开到河南以外的地区，但胖东来自有品牌的商品已经卖到了全国各地。

自加工品牌和自有品牌可能存在的问题是，生产和流通是完全不同的两门生意，有些超市善于卖货，善于搞商品流通，但是对生产、品控、品牌打造一窍不通。如果盲目地扩张中央厨房或者搞贴牌生产，一方面增加了额外的投资，另一方面也增加了人员和业务管理的难度，这对超市企业来说也是潜在的风险。另外，绝大多数自加工品牌的产品和自有品牌的产品都是"自产自销"，如果超市体量不够大，会有滞销和库存的问题。

总结一下，站在超市经营者的角度来看，比商品更重要的是商品组合。全国性品牌是超市的基础，它的利润不高，却可以保证超市经营的基本面；创新品牌提升超市商品的多元性，也能不断带给顾客新鲜感；自加工品牌和自有品牌可以提升顾客的黏性，也能为超市创造更多利润。

其实，不只是超市行业，其他行业也存在商品组合的问题，例如有些商品是引流品，不怎么赚钱，但能带来流量。有些商品是热销品，既热销又能保证利润。有些商品是新、奇、特品，利润较高风险也较大。对于企业来说，做好商品组合的搭配可以有效降低经营的风险，也能提高企业盈利的水平。

好商品会"说话"吗

顾客为什么购买商品

顾客为什么会购买商品？可能你会觉得这个问题很无厘头，顾客购买商品，是因为他需要这个商品。毕竟买东西需要花钱，谁会花钱买不需要的东西呢？

然而，仔细想想看，其实人并没有那么理性，我们生活中都见过这样的例子。例如，某个超市打折促销，有些人明明不太需要某个东西，就是因为便宜，也会购买。现在直播电商很流行，某个主播描述商品性能时讲到的某一点打动了你，虽然这个东西你不太需要，但可能就是因为这个点，你也会冲动消费。

这说明什么呢？这说明人们购买商品时，很多时候并不是因为商品本身，而是因为自己对商品的理解和认识。同样一件商品摆在你眼前，如果你认为它好，认为它值得买，你就会花钱，反过来，如果你认为它不好，不值得买，那你就不会花钱。商品还是那个商品，一点都没变，变化的是你的态度。

关于这一点，科学界也有很多研究，既然改变消费者的心理就可以改变购买决策，那么如何操控、影响消费者的心理就成了热门的研究领域，由此诞生了消费者心理学、消费者行为学等学科。现在我们经常接触到的电视广告、定价策略、营销话术等，很多都跟这些学科有关。例如超市在进行商品定价时，更愿意定19.9元而不是20元，因为消费者感觉19.9元比20元便宜很多。

不过，现实生活中，这些策略往往被用过了头。顾客受商家影响稀里糊涂花了钱，买回来一堆不需要的东西，这种消费体验并不好，顾客后续也不太可能成为回头客。因此，从长期来看，这些技巧并没有帮助商家，反而是害了商家。

在这个问题上，胖东来有自己独特的一套理论。胖东来也了解消费者心理学，但它并没有玩弄机巧，反而是回到了最本源的逻辑上。既然购买决策的基础是对商品的认识和理解，那就应该回到商品本身，把商品讲清楚，把购买决策权还给顾客，并帮助顾客作出尽可能全面和理性的判断。

举个例子，你去菜市场买西瓜，卖西瓜的摊贩会告诉你自己的西瓜保熟且非常甜，"不甜不要钱"。总之，他用各种理由说服你购买。然而，胖东来只会告诉你某个西瓜品种的特点，各种参数，并教你如何挑选，最后的选择权在你自己。

以胖东来超市销售的一款麒麟西瓜为例，它会告诉你该西瓜的产地是云南省景洪市勐海县。这种西瓜皮薄瓜瓤嫩，脆嫩爽口，果汁丰富，糖度值约等于14.5° Brix。挑选西瓜的时候，首先看瓜底部，底部圆圈小且凸起的，表示瓜很甜；瓜底部面积大且内凹的，表示瓜不甜。然后看瓜蒂，新鲜又弯曲的瓜蒂表示瓜是新鲜采摘的；反之，瓜蒂干枯的，表示采摘已久，已经不新鲜了。

让商品自己"说话"，而不是说服顾客购买，这是胖东来不同于其他商家的地方。商品本身有自己的特点和属性，商家只需要全面展示这些信息，然后把决定权留给顾客，顾客自然会作出选择。

让顾客有知情权

讲到商品买卖，中国有一句俗话"从南京到北京，买的没有卖的精"。这句话不是说卖家的智商高，而是说买卖双方的信息是不对称的。一般卖家了解更多跟商品有关的信息，为了卖出商品，有些信息他愿意告诉买家，而有些信息对自己不利，他就不愿意告诉买家。

胖东来的自制熟食和食用油标签

我们都知道炸东西的油反复用对人的身体有害。胖东来是怎么做的呢？胖东来在熟食区显要位置公布了自己的食用油使用标准，其中，熟食课自制商品使用的是预包装福临门非转基因食用油。在制作油炸商品的时候，油的使用期限最长不超过36小时。连续煎炸食品时，油的累计使用期限不超过12小时。另外，胖东来还明确规定不得以添加新油的方式延长食用油的使用期限，且油炸时，油温最高不超过200度。光有使用标准还不够，胖东来还公布了检测标准：根据《食品安全国家标准 植物油》的规定，每天下午5~6点检测煎、炸使用的食物油，保证酸价、过氧化值、极性成分符合国家标准。

胖东来的水产标签

胖东来控制水产品品质有6个步骤：

①产品审核资质；

②主产区采购（形状、规格、鲜活度、产品质量符合采购标准）；

③暂养基地至少暂养10天；

④送检样品；

⑤检测合格配送门店；

⑥品控部周期性抽查复检。

一份水产品，要经过这严格的6个步骤才能从源头进到胖东来。相比于普通菜市场不知道从哪里来的，也不知道有没有经过检测、是否健康的活鱼，哪个更让你放心？你更愿意为哪个花钱？答案一目了然。

讲到这，也许有人会说，这都是营销的噱头，胖东来也只说商品的好话，如果让顾客有知情权，为什么胖东来不说说自己商品的问题？

首先，有问题的商品胖东来已经提前过滤掉了，能拿出来销售的都是符合胖东来标准的商品；其次，每个商品肯定都不可能100%是完美的，而且大家对完美的定义也不一样，对于商家来说，只要各项指标符合国家相关标准（如果企业有更高标准，就符合企业自身标准）就够了。

例如《食品安全国家标准 熟肉制品》（GB 2726-2016）、《食品安全国家标准 糕点、面包》（GB 7099-2015）等标准规定，食品中同批次5个样品中大肠菌群的检验结果均不得超过10^2 CFU/g。如果某件商品大肠杆菌检测结果为95 CFU/g，符合国家标准，那么商家有没有必要说"大肠杆菌检测结果为95 CFU/g"？这完全没有必要，因为这不是商品品质的问题，而仅仅是检验参数而已。顾客的知情权并不是要知道商品的每一个参数，而是要了解跟自己利益和健康有关的关键值，尤其是可能对自己造成负面影响的关键值。

胖东来的临期商品

除了对具体商品的知情权，顾客还拥有对商业行为的知情权，大多数商家不注重这一点，觉得这种知情权跟自己无关，自己也没有告知顾客的义务，但实际上，如果顾客能了解这些方面的信息，会更有助于自己选购商品，也更容易与商家建立信任关系。

举个例子，我们很多人都买过临期食品。大部分人对"临期"二字的理解都是，商品快到保质期了，但只要还没有到日期喷码上的那个日期，哪怕还有一天的时间，都不算过期。然而，真正的情况是，国家市场监督管理总局对临期食品有明确的规定：标注保质期1年或更长的，临界期为到期前45天，例如我们常见的罐头、糖果、饼干等；标注保质期6个月到不足1年的，那么临界期为到期前20天，如我们经常囤货的方便面、无菌包装的牛奶、果汁等；而标注保质期90天到不足半年的，临界期为到期前15天，这一类就是我们常见的一些真空包装并冷藏的熟食品、速食米饭等；标注保质期30天到不足90天的，临界期为到期前10天，这主要是一些灭菌包装的肉食品、鲜鸡蛋等；标注保质期在16天到不足30天的，那么临界期为到期前5天，像酸奶、点心等；标注保质期少于15天的，临界期为到期前 1~4天，如新鲜牛奶、现做现卖的主食、未灭菌的熟食、未灭菌盒装豆制品等。[1]

这个信息对顾客重不重要？非常重要。我相信，很多超市是严格遵照这个标准上架和销售临期食品的，但把这个信息公示出来，接受顾客对自己所售临期食品的监督更重要，顾客会因此增加对商品乃至对商家的信任。胖东来就注意到了这个细节，在售卖临期食品的货架旁，悬挂临期食品说明，让顾客明明白白消费。

用多种方式跟顾客"沟通"

公布商品信息也好，让顾客有知情权也好，其实都是让商品本身有说服力。商品是不会说话的，因此，需要有人在商品和顾客之间架起沟通的桥梁。过去，顾客主要通过服务员的介绍了解商品。然而，沟通的方式其实有很多种，在胖东来，除了服务员介绍和咨询解答之外，还有卡片介绍、温馨提示、场景展示和效果呈现等。

胖东来的卡片介绍

卡片介绍就是通过卡片上的文字，说明商品的特征，利益点，保存和使用说明等，让顾客快速了解商品。例如胖东来自有品牌"DL压榨一级花生油"的卡片

---

1. 央视网，《何为临期食品？临期食品到底能不能吃？如何捡漏和保存临期食品？一文了解》，编辑王鹤翔，2021-06-20。

是如下描述商品特征的。

花生好原料——低温17层过滤

·高品质花生，粒大饱满。

·20℃以下低温，锁住花生油原有香味。

·17层过滤，有效去除杂质。

物理压榨——保留自然花生香气

·花生脱壳去皮后，物理压榨。

·7道专业制作工序，低温沉降，冷滤成油。

·充氮保鲜技术，有效降低氧化，保持油品新鲜度。

这段描述就好像商品本身在"推销"自己一样，方便顾客更好地了解商品的特点和优势。讲到这一点，就不得不提胖东来的商品价签和商品标识牌，在胖东来，每个商品都有对应的商品信息展示，包括产地、价格、条码、检验员、供货单位等，有些还会配合专门的POP海报或者立牌，用以介绍商品知识、使用说明、注意事项等。

在胖东来水果蔬菜区，已经全面采用电子屏价签。例如爱妃苹果，产地美国，价格是28.8元/500g，糖度约等于13.5%，建议储存方法为冷藏0~5℃，建议储存时间是3天，2天内食用口感更佳。该商品上架时间是202×年×月×日。这件商品的检验结果是"合格"，检验员是韦××、王××，供货单位是×××，联系人电话是1333110×××，监督电话是12315。配合这些介绍的还有商品的图片，即使不识字的人也能将商品和价格对应上。具体可以参考图2-2胖东来的商品价签和商品标识牌。

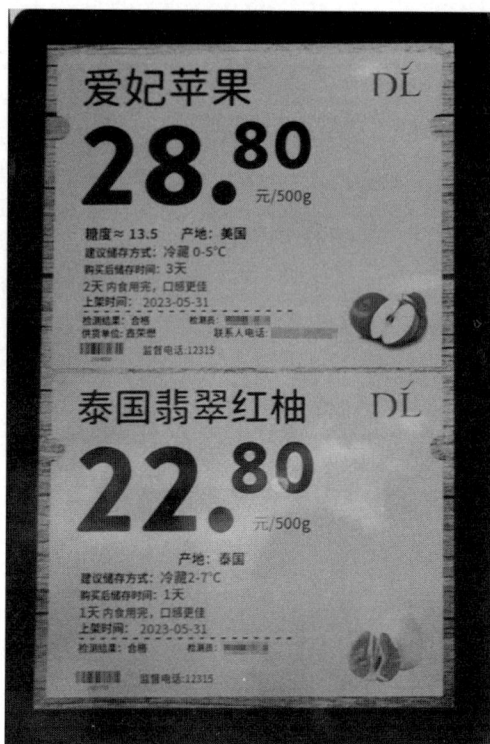

图2-2　胖东来的商品价签和商品标识牌　（拍摄：刘杨）

胖东来的"温馨提示"

除了介绍商品信息，胖东来还会在有些商品上附上"温馨提示"，方便顾客选购和使用。例如，在一款名为"五为竹荪"的商品旁边，除了常规的商品价签外，还有一个"温馨提示"标签，内容如下：

竹荪表面上的小黑点是竹荪生长过程中产生的分泌物，对食用没有任何影响。烹制竹荪前将竹荪用清水浸泡或者清洗，即可去除菌身上的小黑点。

具体可参考图2-3。

图2-3　胖东来的温馨提示　（拍摄：刘杨）

对于竹荪这款商品来说，上面这些信息非常有必要。不然的话，顾客回家打开商品包装看到竹荪上有小黑点时可能会有两个想法：第一，这个竹荪变质了，小黑点可能是霉变；第二，这个竹荪没洗干净，小黑点是残留的泥土。有这两个想法很正常，因为顾客不熟悉商品，只能凭过去的生活经验进行推断。显然，这两个推断都会降低顾客对这款商品的评价。胖东来把工作做在前面，提前做好了打消顾客顾虑的准备。这其实也是在搭建商品和顾客之间的沟通桥梁。

胖东来营造特定的场景进行展示

除了介绍商品，胖东来还会营造特定的场景，在超市大的环境中构建小环境，小场景。例如春节期间，搭建富有年味的货架、小展厅等，让顾客有购买年货的感觉；夏天的时候，搭建调酒、露营、户外休闲的场景，让顾客感觉自己好像置身于海边沙滩或者户外草坪，营造惬意的氛围。关于胖东来商品陈列的场景，如酒具和调酒器具陈列可参考图2-4。

图2-4　胖东来的酒具和调酒器具陈列　（拍摄：刘杨）

帮顾客找到商品使用的场景，这是特别高明的商品销售方式。例如一款玻璃啤酒杯，即便商家拼命展示这款啤酒杯外观有多漂亮，质量有多好，价格有多划算，顾客都无动于衷，因为顾客想象不到使用这款商品的场景。在家喝啤酒有普通玻璃杯、纸杯，在餐厅和酒吧喝啤酒，商家会提供酒杯，为什么要专门买一个玻璃啤酒杯呢？

胖东来则设定一个露营场景，营造夏日微醺的氛围，那么很多顾客就会想象到一个画面：炎热的夏天傍晚，带上家人或者约上三五个好友，大家一起来到户外，吹着凉风，用漂亮的啤酒杯喝着冰镇啤酒，好不惬意。这个美好的画面让人浮想联翩。潜意识里，顾客就会把这款玻璃啤酒杯和美好生活联系起来，于是他们就可能花钱购买。

胖东来用食谱进行效果呈现

最后一种帮助商品跟消费者"沟通"的办法叫效果呈现，广告界有一句很有名的话，"你不要试图推销牛排，你只需要让客户听到煎牛排的滋滋声"。这是什么意思呢？人们吃的是牛排，又不是听听煎牛排的声音就能饱。其实很简单，生牛排本身并不会让人产生食欲，人们喜欢的是最后加工好的成品，因此要给顾客呈现商品诱人的效果，而不要只给他看原材料。

举个例子，你去逛胖东来，发现胖东来居然有活的波士顿龙虾，过去你只在电视上看过这种东西，没想到身边的超市就有。可是打算买的时候你却犯愁了，这龙虾是挺好，价格也能接受，可买回去怎么吃呢，是清蒸还是油焖？是煎炒还是煮汤？本来你热情挺高涨的，可是看着水池里青黑色的活龙虾，你的心凉了半截，瞬间就没了购买的愿望。

胖东来是怎么做的呢？在销售龙虾的水池边，胖东来做了一个水晶立牌，它告诉你这个龙虾正好可以做"蒜蓉芝士焗龙虾"（见图2-5）。具体怎么做呢？只需要5步：

①将波士顿龙虾处理干净，从中间破开，剔除脑部；

②将平底锅烧热放入牛油化掉，放蒜蓉进去煎制，炒出香味；

③烤盘内放入锡纸，将波士顿龙虾放入烤盘，铺上蒜蓉，进烤箱180度烤15分钟；

④拿出来铺上芝士碎，放入烤箱焗5分钟左右；

⑤芝士融化，即可出锅食用。

图2-5　胖东来的蒜蓉芝士焗龙虾食谱　（拍摄：刘杨）

为了刺激你的食欲，在这个食谱旁边还有烹饪好的波士顿龙虾——鲜红油亮的虾壳，浓香的芝士，仿佛隔着画面你都能闻到扑鼻的香味。你想象着自己烹饪好这么一盘龙虾并端上桌的画面，简直太有成就感了，因此你毫不犹豫地付钱购买。

上面这个过程中有服务员跟你推销吗？并没有，有人跟你说这个东西的性价比吗？也没有，说服你购买的其实是你自己。商家只是展示了商品的另一面——也就是它能直接为顾客提供价值的那一面。比起张牙舞爪的活龙虾，烹饪好的蒜蓉芝士焗龙虾图片更能给顾客有**"身临其境"**的感觉。

再举一个例子，胖东来销售的西域香妃梨，这款商品本身就很好，"果形饱满，入口嫩脆清甜，果肉白，咬一口汁水四溢"。然而，并不是每个人都喜欢生吃水果，因此胖东来提供了这款商品的另外4种吃法，包括"冰糖银耳梨汤""鲜果现榨（梨汁）""炖煮煲盅""果味甜品"。这等于给顾客提供了额外4种最

终呈现的效果，顾客如果对其中任何一种有兴趣，都有可能购买这款商品（见图
2-6）。

图2-6 胖东来的西域香妃雪梨商品标识牌 （拍摄：刘杨）

卡片介绍、温馨提示、场景展示和效果呈现，胖东来让商品"张嘴说话"。
这些并不是可有可无的加分项，而是商品销售时的必要组件。我们现在去电商网
站购物都会先看详情页，详情页就是商品说明，就是商品卖点的提炼，你无法想
象在拼多多、淘宝买东西时没有详情页会怎样。那同样地，线下渠道也需要详情
页，而且相比于线上详情页只能用图片、视频展示，线下的商品信息和商品呈现
形式更丰富，这其实是线下渠道所拥有的巨大优势。然而，很多做线下渠道的人
没有这种意识，他们还停留在靠服务员介绍商品，靠促销员推销商品的陈旧思维
模式里。这样的店铺当然没有竞争力。

关于商品流通，我们应该有这样的认识：一件商品从工厂的生产线来到卖场的货架，这只是万里长征的第一步。卖场需要完善商品信息，需要构建商品使用场景，需要标注使用注意事项，需要呈现最终商品的样貌，卖场这些举动给原本普通的商品增加了价值。

从顾客的角度来说，卖场提供了附加的服务，这种服务在售卖服务之前，我们可以称为"信息服务"或者"包装服务"。很多卖场自以为了解商品，把全部的心思都花在进货、存货、理货、卖货上，反而忽略了信息服务，这是很要命的。之前我们就说过，单纯的货品流通和周转模式风险高、竞争激烈，利润也比较低，很容易让企业陷入窘境。

超市处于商品流通最末端，有时候，超市会从厂家拿货，但大部分时候，超市从批发商和区域代理商手里拿货，这决定了超市进货时的议价能力相对比较弱。不过，换个角度看，超市在面向顾客时又处于最前端，它是最接近顾客的，因此聪明的超市都明白这样一个道理，如果上游（厂家、批发商、代理商）没有办法改变，那么我可以多在商品上下点功夫，给顾客提供更多附加价值，这样我就会更有竞争力。

总结一下，关于商品价值，胖东来的两点做法值得我们借鉴：第一，回归商品价值本身，把购买决策权还给顾客；第二，提供跟商品有关的信息服务，给顾客提供附加价值。正是因为做到了这两点，胖东来的商品才显得更有吸引力，更能赢得顾客的心。

胖东来定价的学问

超市有定价权吗

讲到商品，有一个问题不得不提，那就是商品的定价。定价决定了超市的毛利率，也决定了顾客对超市的评价。

一般来说，超市都是自主定价。对小一点的超市来说，可乐到底卖2元还是2.5元，老板说了算。大一点的超市有定价体系，由采购部门、商品部门和财务部门共同参与商品定价工作。商品定价是价格体系的基础，超市可以采用单品打折促销，全店满减，清仓处理等形式，灵活调整价格，从而获得最大化的收益。

然而，虽然看起来超市拥有制定价格的自主权，但实际上，因为很多超市售卖的是同质化的商品，商品售价基本上是固定死的。例如娃哈哈矿泉水，太太乐鸡精，涪陵榨菜，这些都是市场上常见的商品，都有相对固定的价格，商家必须参考同行业标准而不能随意定价。顾客随便上网一搜就能知道你的价格是否合理。

好在超市里卖的并不都是这种全国性品牌商品。一般超市在两类商品上有比较灵活的定价权。一是非标准化商品，例如散装苹果，因为每家超市卖的苹果都不一样，所以你不好比较价格。用老百姓的话说，这叫一分钱一分货。二是非知名品牌，例如太太乐鸡精的价格很透明，但你销售的是王王乐鸡精，这个商品的价格顾客就不好做对比，因为很多人没见过这个牌子，也不知道其他店铺卖多少钱。另外，有些品牌只在线下渠道售卖，你也没法跟网上做对比。

于是，很多商家通过低价的全国性品牌商品支撑门面，然后通过更高利润率的非标准化商品和非知名品牌赚取利润，这也是目前国内很多超市的盈利模式。然而，随着竞争的加剧，这种模式受到了冲击。

首先，是来自线上电商的冲击。对于非标准化商品，电商平台的商家能提供更多样的商品，更便宜的价格，以及更灵活的服务。以散装苹果举例，红富士苹果超市卖2.8元/500g，而电商平台根据品质，红富士苹果从1.5元/500g到4.5元/500g都有，顾客可以随意选择，商品包邮，送货上门，免费退换货。现在很多电商平台号称，农产品从产地到餐桌，跳过所有中间商，这一方面带来价格优势，另一方面也保证了商品的新鲜度。对于非知名品牌商品，电商平台的优势更大。现在各个品类的快消品，包括食品、保健品、文具、日用品等，电商平台应有尽有，选择比超市多，价格也低到离谱，而且同样是包邮到家，免费退换货。

其次，是来自同行的冲击。一个地方可能有大大小小很多超市，虽然看起来每个超市的商品都不一样，尤其是非标准化商品和非知名品牌的商品，例如A超市的苹果跟B超市不一样，B超市的饼干和A超市的不一样，但大的区域批发商就是那些，大家进货的渠道其实大同小异。最后的结果就是，大家只能打价格战，比谁的价格低。为了保证低价，很多超市只能"开源节流"：一方面售卖一些质量不高但毛利较高的商品；另一方面缩减成本，如缩减员工，降低服务质量等，这样做短期内的确可以增加收入、降低成本，但是无形中却降低了自身的品质，从而加剧了低层次无序竞争。

以上也是目前很多超市越来越不景气的原因，根据国家统计局相关数据，自2017年开始，国内超市门店数量持续下降，从最高的38554家下降到了2020年的24082家，降幅高达37.5%。其中大型连锁商超门店减少速度更快，从2012年的

11947家，下降到了2020年的5340家，降幅超过55%。[1]很多超市发现，过去赚钱的套路不行了，要么关门大吉，要么寻找新的出路。

胖东来的定价策略

很多超市界的同行来胖东来参观后，觉得胖东来的定价非常不可思议。

全国性品牌商品的价格非常低

以胖东来的定位、装修、服务来看，胖东来应该算中高档超市，但是胖东来售卖的全国性品牌商品的价格非常低，有的甚至比电商网站上的价格还便宜，很像一家平价超市。

一些非标准化商品定价非常贵

在生鲜蔬果、肉类、熟食等类别中，胖东来有些商品的定价非常贵。例如前面提到的爱妃苹果，价格是28.8元/500g，[2]这个价格别说是在河南许昌这样的小城市，就是放到北上广深，都不算便宜。可能有人会说，这属于极个别的情况，那么我们以常见的猪肉为例，表2-1是胖东来部分在售猪肉的名称和价格，价格采集时间为2023年5月31日，采集地点为许昌胖东来天使城店。

表2-1　胖东来部分在售猪肉的名称和价格

猪肉名称	单价
千喜鹤黑猪肉丁	26.7元/500g
中粮猪肉丁	17.8元/500g
伊比利亚黑猪猪颈肉	99.9元/500g

---

1. 中国新闻周刊，《胖东来，又出手了》，记者余源，2024-05-11。
2. 商品价格实时变动，此价格采集日期为2023年5月31日。另外，除非特别说明，本书中提到的胖东来商品的具体价格，采集时间均为2023年5月31日。

续表

猪肉名称	单价
巴塔耶黑猪五花肉	79.9元/500g
巴塔耶黑猪下颚肉	85.9元/500g
千喜鹤黑猪小里脊	49.7元/500g
千喜鹤黑猪前夹	26.8元/500g
千喜鹤黑猪里脊肉	39.7元/500g
千喜鹤黑猪腿肉	原价29.9元/500g，折后22.9元/500g
千喜鹤黑猪精品五花	原价38.2元/500g 折后29.9元/500g
亚麻籽带皮五花	原价45.9元/500g 折后37.9元/500g
亚麻籽梅条肉	59.8元/500g
亚麻籽猪里脊	45.7元/500g

上面这些价格贵不贵呢？根据河南省商务厅的数据，2023年第22周（5月29日至6月4日），猪肉价格偏弱运行，第22周全省肉类零售均价为64.3元/千克，较前一周下降0.3%。其中，猪肉（后腿肉）零售均价为27.3元/千克[1]。1千克猪肉（后腿肉）均价27.3元，也就是说，均价为13.65元/500g。胖东来售卖的猪肉价格远高于河南省的平均水平。

当然，定价只是反映商品价格并不反映利润率，这并不意味着胖东来在猪肉这个品类上赚取了高额利润。

向顾客公布进货价和毛利率

关于胖东来定价第三个让同行觉得不可思议的地方是，胖东来的部分商品会向顾客公布进货价和毛利率。例如在胖东来大众服饰，品名为"甜心韩果儿休闲中裤"的商品，进货价是36.7元（含2%以内采购费用，不包含人事费用、房租、水电、损耗，以及运营产生的各项费用），售价为51元，毛利率28.03%，商品产

---

1. 河南省商务厅，《2023年第22周河南主要生活必需品，价格平稳运行》，2023-06-09。

地为浙江省，货品为源头直采。一款品名为"圣诺玛莱赛尔夏被"的商品，进货价是188.7元（含2%以内采购费用，不包含人事费用、房租、水电、损耗，以及运营产生的各项费用），售价为253元，毛利率为25.41%，产地是辽宁省，价签未注明采购方式。一款品名为"百丽丝凉席冰丝"的商品，进货价是178.5元（含2%以内采购费用，不包含人事费用、房租、水电、损耗，以及运营产生的各项费用），售价为233元，毛利率23.39%，商品产地为浙江省，价签未注明采购方式（见图2-7）。

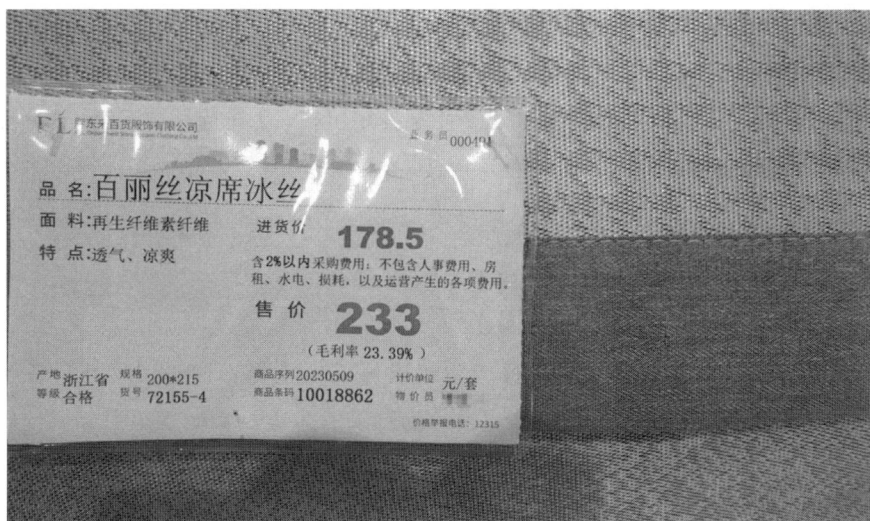

图2-7　胖东来百丽丝凉席冰丝的价格标签　（拍摄：刘杨）

胖东来标注进货价和利润率这件事还上过一次网络热搜。2024年2月，网友在胖东来新乡店发现，一款羽绒服的价签上显示该商品进货价为498.7元，销售价格为499元，毛利率仅为0.06%。网友发布的图片显示，该羽绒服为"爱妍色鹅绒服"，面料为聚酯纤维，产地为郑州市，等级为"合格"。除注明进货价和售价外，价签上还注明以下内容：（进货价）含2%以内采购费用，不包含人事费用、房租、水电、损耗，以及运营产生的各项费用，源头直采。价格标签的右下方还有"新乡市市场监督管理局监制"字样。[1]

在零售业从业者看来，0.06%的毛利率并不奇怪，有时候为了清库存，个别商品可能还会有0毛利或者负毛利率（低于进货价销售）的情况。可为什么胖东来要公开进货价呢？胖东来一般商品的毛利率真的就只有20%多吗？胖东来定价的逻辑又是什么呢？

胖东来商品定价的底层逻辑

胖东来的定价逻辑可以归纳为3点：1.掌控定价权；2.先选品再定价；3.合理的利润率。这3点可以解释胖东来为什么要这么定价，以及胖东来如何通过定价策略从一堆竞争者中脱颖而出。

掌控定价权

一般来说，超市有没有定价权不是超市自己说了算，而是市场和顾客决定的。超市可以把商品价格全部提高一倍，但是顾客不来，东西卖不出去，这样定价就没有任何意义。那么超市怎么才能掌握定价权呢？很简单，要么你有独特性，你卖的东西别人都没有，你提供的服务别人提供不了；要么你给商品增加了价值，商品的价格是死的，但可以为增加的附加价值定价，也就是说，你拥有了**"原商品+附加价值"**的定价权。

胖东来正是做到了这两点。在独特性方面，对于其他超市也有的同质化商品，胖东来要么码放更整齐，要么提前做预处理，提升顾客的购物体验。对于自加工品牌和自有品牌，胖东来一方面保证质量，提高性价比，一方面延伸商品品

---

1. 光明网，《胖东来一件羽绒服赚3毛？回应：属实》，2024-02-02。

类，打造各种爆品。在增加附加价值方面，我们前面提到，胖东来销售的不仅仅是商品本身，而是商品加信息服务。同样是买1千克苹果，胖东来让你有商品的知情权，让你了解商品的特点，在场景展示和最终效果呈现上，胖东来也下足了功夫。同样1千克苹果，顾客的感受不一样，得到的价值也不一样。

这样一来，胖东来就拥有了定价的自主权。这里的自主权并不是说胖东来可以随意定价赚取超额利润，而是说胖东来不会被竞争绑架，不会因为被迫降价而降低商品质量和服务品质。举个例子，胖东来有一款热卖的商品，俗称"胖东来大月饼"（芋泥麻薯酥和红豆蛋黄酥两个口味），目前该商品的售价是29.8元。因为这款商品非常火爆，一些超市和线上平台开始推出"胖东来同款大月饼""网红正品大酥饼"等，在商品外观和配料上都模仿胖东来，而价格只有胖东来的二分之一或者三分之一（见图2-8）。然而，这些商品对胖东来基本没有冲击，胖东来大月饼依然供不应求，也不可能降价销售。

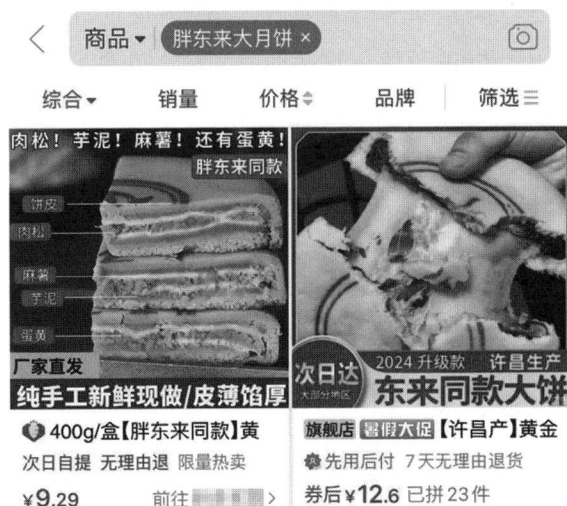

图2-8　某电商平台上销售的"胖东来同款大月饼"

选品定价权

不过，在胖东来，定价并不是单独存在的，胖东来采用的是"选品定价权"。简单来说就是，胖东来先选好卖什么商品，再给这个商品定价。例如前面提到的猪肉，胖东来能不能进低价的猪肉？当然可以，这种猪肉很容易采购，但是胖东来没有这样做，它对自己销售商品的调性、品质有要求。

例如胖东来销售的亚麻籽猪肉，很多人可能以为"亚麻籽"是品牌名，其实不是。亚麻籽猪肉来源于所食饲料中含有一定亚麻籽的猪，它的最大特点就是α-亚麻酸的含量和比例均高于普通猪肉。经检测数据比较发现，不同部位的亚麻籽猪肉的α-亚麻酸含量，均是普通猪肉的 6 倍以上，而 α-亚麻酸是很多中国人膳食中严重缺乏的营养素。[1]胖东来销售的亚麻籽猪里脊售价为45.7元/500g，说实话，这个价格对于许昌当地的顾客来说并不便宜，但反过来看，这种商品除了在胖东来，其他地方可能真的很难买到。包括胖东来销售的伊比利亚黑猪猪颈肉，巴塔耶黑猪五花肉，巴塔耶黑猪下颚肉，这3款商品均来自西班牙，价格从79.9元/500g至99.9元/500g不等，这些商品别说在许昌，就是在北上广深这种一线大城市也不容易遇见。

可能有人会觉得，胖东来就是贵呗，销售高档商品，定价高昂，但实际上，在胖东来的货架上，有1.3元的"南街村北京麻辣方便面"，4.6元的"DL方馒头（约400g）"，3.5元的"喜之郎什锦果肉果冻"，4.9元的"陈克明细挂面"，5.9元的"芝麻官黄桃罐头"……[2]这些商品，无论从品名还是价格上看，都特别接地气，符合大众的购买需求。

这么看起来不是很矛盾吗？同一家超市，有些商品很贵很高档，有些商品却

---

1. 澎湃新闻客户端，《亚麻籽猪肉？猪肉还能玩出什么健康花样？》，范志红，2021-04-06.
2. 以上商品价格采集自胖东来线上商城小程序，采集日期为 2024 年 7 月 9 日。胖东来线上商城和线下门店价格统一。

很便宜、很有性价比。仔细想想，其实并不矛盾，以工薪阶层顾客为例，可能他购买的商品大部分都很实惠，但是偶尔他也愿意尝试一些高档商品，吃一顿伊比利亚黑猪猪颈肉不会让自己变穷，却会多一份特别的人生体验。

这恰恰就是胖东来选品的原则，在胖东来天使城店入口的墙上，有这么一句话，它反映了胖东来选品和经营的方针，**"专注民生、品质、良好的价值"**（见图2-9）。所谓专注民生，就是主要提供老百姓能消费起，愿意消费的商品；所谓品质和价值，就是在选品上优先考虑品质，通过更时尚的商品带给顾客幸福的价值。胖东来创始人于东来在一次讲话中明确了胖东来在商品方面的定位："一定要为顾客的民生需求、生活需求、时尚需求规划更好的商品，花更合理的钱，买到更实在的商品！这样才能让企业在健康的道路上快乐前行！"[1]

图2-9 胖东来商品经营特点的标语 （拍摄：刘杨）

同类的商品，胖东来给你挑质量好的，不同类的商品，胖东来给你挑能带来特别体验的。在选品上，胖东来没有被同行影响，也没有被竞争环境干扰，它回到商品本身价值这个原点，从商品价值出发为商品定价。

---

1. 胖东来官网"东来讲堂"，《【东来哥会议记录分享】联商学员第七课——懂得好的文化理念，让生命更美好》，2022-06-25。

合理的利润

有了前面这些铺垫，胖东来的定价策略就变得非常简单。胖东来的创始人于东来曾在公开发言中提到，胖东来超市的整体毛利率约 22 %，整体的净利率是 3.5%。[1]也就是说，胖东来没有那么复杂的价格套路，胖东来的商品价格，平均下来就是进货价 ×（1+22%）。

跟整体毛利率相匹配的就是营销策略，胖东来不做广告，也没有店庆满减、全场促销这种活动，商品优惠仅限于单品促销（例如买一送一、限时特价等）。这样做，一来节省了大量的成本，保证了企业净利率相对稳定，二来这让胖东来商品的价格非常透明，没有什么套路，顾客不用跟商家"斗智斗勇"，这方便了顾客，也简化了购买过程。

可能有人会有疑问，这样的定价模式对商家来说倒是简单，但顾客会认可这种模式吗？没有促销、大降价等价格刺激手段，顾客会乖乖掏钱购买吗？毕竟现在的顾客都被商家惯坏了，各个平台都得靠促销才能卖货，如果只有胖东来独树一帜，那不就是等死吗？

事实上，存在不见得就是合理的。下面这两个例子就能说明顾客到底需要什么样的商品销售模式。

2024年春节前后，在没有任何营销推广的前提下，胖东来茶叶和胖东来银饰突然火了，顾客排长队抢购的新闻冲上热搜。《胖东来银饰区开启排号售卖！每日最大400号、7天预约1次》《闹大了！胖东来茶叶柜台出现黄牛，一个号600元，老板出手整治》，抢购胖东来网红商品也就算了，为什么茶叶、银饰这种商品也会被大家抢购，这两个品类是刚上市吗？还是胖东来清仓大甩卖？都不是，是顾客发现，在

---

1. 胖东来商贸集团微信公众号文章，《【东来哥会议记录分享】胖东来是一所学校，而非一个企业》，2021-12-25（统计数据截至 2021 年 12 月 20 日）。

这两个价格很不透明"水很深"的行业，居然有一家企业规规矩矩定价，认认真真卖货，所有的信息都跟你讲清楚，不坑不蒙不骗，不搞当面打折背地抬价那一套。这不正是顾客需要的吗？于是，一传十十传百，不只是河南本地的顾客，一些外地人也专程来胖东来买茶叶、买银饰。

> 显然，每个商家本来都应该这样做，但是大家被所谓的潮流、流量、趋势裹挟着，渐渐就背离了常识。难怪有人说，"胖东来的成功并不是因为它做的有多好，而是因为竞争对手实在太弱"。因此，并不是胖东来在零售行业逆势而行，它恰恰是回归了基本点，顺应了零售业应有的规则。

从真品真心、好看好用到商业的卢浮宫，胖东来真的懂商品

真品真心是信任的基础

1995年，胖东来当时还叫望月楼胖子店，那时候它就提出了一个口号"用真品换真心"。这句话现在变成了标语，悬挂在胖东来天使城店入口的墙上（见图2-10）。

图2-10　胖东来天使城店入口处的标语墙　（拍摄：刘杨）

"真品"是那个时代胖东来筛选商品的标准。20世纪90年代末，假冒伪劣商品盛行，很多商家以假乱真、以次充好。在那个年代，胖东来就发现，生意想要长久地做下去，不可能靠坑蒙拐骗，也不可能靠商家和顾客之间的信息差赚钱，只有真品可以给顾客带来价值，只有用真品才能换来顾客的认可，也就是真心。

胖东来不但把这句话当作选品标准，还把它写入了企业文化中，这么多年来一直奉为圭臬。现在，超市里已经很难见到假货了，"真品"二字也有了新的含义，所谓真品，其实就是让老百姓放心的商品。例如超市里卖的大白菜农残超标，顾客会发现这个问题吗？大部分情况下他们发现不了，农残超标的蔬菜吃下去短期内身体也不会有什么反应，因此对很多超市来说，这个问题很容易就糊弄过去了。然而，一旦顾客发现这个问题，对超市来说就是毁灭性打击。一家抱着侥幸心理的超市，早晚会被这种不可预知的问题击垮。

说白了，保证真品的目的还不只是为了减少投诉，降低法律风险，更重要的，这是商家对顾客负责任的态度。如果有商家可以数十年如一日地帮你把好安全关，卖给你的每一件商品都是"真品"，都让你放心，这样的商家，你是不是很认可？

好看好用的东西更能打动顾客

过去我们说"酒香不怕巷子深"，只要有好的东西，就不怕别人发现不了。现在的市场环境完全不一样了，市面上的商品极其丰富，人们的注意力又很有限，如何让大家快速注意到你，了解你，并且认可你，是非常重要的。

在传递商品信息时，胖东来主要从两个方面入手，一方面是好看，另一方面是好用。

逛过胖东来的人都会有这样的感觉，胖东来的商品陈列做得非常专业，从货架设计到灯光设计，从超市布局到装饰点缀，从商品摆放到实物呈现，几乎每一个细节里，都能看到设计感。以胖东来蛋类商品陈列举例（见图2-11），首先，不同颜色、不同材质的包装分开，每排货架、每个类型出样4~8个，整个视觉上显得非常饱满。货架为专门设计的冷柜，可以精确控制温度，保证蛋类的新鲜。其次，在照明上，内部用冷色调白光，便于顾客查看商品和价签，顶部用黄色暖光射灯，搭配木棍、栅栏、稻草等，模拟出农舍的场景，突出蛋类的新鲜度。再次，货架顶部有商品卖点的介绍"仅售生产日期3天内的新鲜红皮鸡蛋，12天内的品牌鲜鸡蛋"，非常清晰地向顾客传递胖东来筛选商品的严格标准，让顾客放心。最后，在货架中间偏上的部位有两个盘子，一个盘子通过模型模拟蛋黄颜色，突出鸡蛋品质；另一个盘子用模型展示溏心鸡蛋搭配面包的示意图，让顾客更有食欲。

图2-11 胖东来蛋类商品陈列 （拍摄：刘杨）

其实，不只是这一个货架，胖东来各个货架、堆头、试吃台、销售分区等都很注意商品陈列和呈现。当然，也许有人觉得，好不好看是很主观的事情，会不会费了那么大劲，有人反而觉得不好看呢？

虽然对陈列的感受是主观的，但是陈列有基本的标准，例如干净、整洁、有条理，商品和货架间距合理，照明充足，顾客拿取商品比较方便等。在此基础上，可以再有一些特别的设计，例如场景化设计（蛋类货架的农舍）、广告语设计、装饰设计等，毕竟超市也不是美术馆，大家期待的是符合潮流，达到基本审美标准的陈列。

除了好看之外，商品还要好用。虽然商品的性能、属性从出厂那一刻就决定了，胖东来只是一个经销商，并不能影响商品的性能，但值得注意的是，胖东来增加了"购买时好用"和"购买后好用"这两个维度。

所谓购买时好用，就是胖东来在你购买商品的时候增加了一些辅助设施，让你更好地接触商品，更容易体验。举个例子，如果你去胖东来买肉，在卖肉柜台有4个盒子，分别是一次性手套、抽纸、湿纸巾和废物回收盒，经常购物的人一看就知道这个安排有多贴心。有些人拿取生肉的时候，不希望皮肤直接接触生肉，所以会戴手套，有些人拿完肉希望用湿巾擦手消毒，手上有水的话希望用抽纸擦干，最后，这些垃圾需要找地方丢弃，胖东来的4个盒子完美解决了这些问题。再例如，我们购买冷冻食品的时候，会打开冰柜直接拿取，但是冰冻食品温度很低，会冻手。为此，胖东来在冷柜旁边准备了硅胶手套，既隔凉又卫生。有了这些贴心的辅助设施和安排，你还没有把商品买回家，就已经跟商品拉近了距离。

所谓购买后好用，是指胖东来会考虑商品使用的场景，提前帮你做好规划。例如前面提到的，在活龙虾销售处提供龙虾食谱，方便你烹饪。另外，在销售浅色服装的柜台，胖东来会有专门的提示板，告诉你衣服为什么洗涤时会串色，以及相应的解决办法。这不但提醒了顾客应该注意洗涤时串色的问题，甚至还给出了解决方案，让顾客完全没有后顾之忧，可以说非常贴心（见图2-12）。

图2-12　胖东来衣物洗涤说明牌　（拍摄：刘杨）

商品的博物馆，商业的卢浮宫

仅仅把商品的细节做好还不够，胖东来有一个非常宏大的目标。"商品的博物馆，商业的卢浮宫"，这句话被印在了胖东来的墙上，非常有气势。这句话也表明胖东来对商品的认知有非常高的维度，远超过一般的零售企业。

如何理解商品的博物馆

我们都逛过博物馆，博物馆不是展览馆，不是说东西越多越好，而是东西要有代表性，要能说明问题，要能给观众启发。博物馆也不是批发市场，不是把展品往里一放就行，博物馆布展要讲究主题，讲究陈列，讲究展品与观众的互动。更重要的一点，博物馆要展出精品，要通过优秀的藏品让人过目不忘。

胖东来正是在用经营博物馆展品的思路经营商品。现在很多商场、超市都喜欢用日光灯或者LED灯带照明，这样做不但施工和维护成本比较低，而且卖场也会显得比较干净亮堂。然而，如果你逛过胖东来，你会发现，胖东来除了日光灯和LED灯带之外，还大量使用吊灯和轨道射灯。这两种光源都可以强化明暗对比，凸显主体。例如商品堆头上摆放了几个展示用的杯子，用日光灯或LED灯照明的效果和用吊灯、射灯照明的效果是完全不同的。有趣的是，博物馆中针对展品的照明很多用的也是射灯，其实道理是一样，都是为了凸显特定主体。

我们可以再想象一下逛博物馆的感觉，走进一家博物馆，你会在某一件展品前驻足观看，会阅读展品的文字介绍，会聆听相关的语音资料等。虽然展品不会说话，但借助展品自身和辅助的材料，你会对它留下深刻的印象，甚至建立起某种好感。如果有一天，我们逛超市也能有这种感觉，你可以用欣赏的眼光看待货架上的商品，就好像在欣赏博物馆展厅里的艺术品一样，这个过程该是多么奇妙，如果再能把这件东西买回家，你会有多大的满足感。

把商品做成展品，把商场打造成博物馆，这其实是一种非常先进的理念。无独有偶，日本有一家书店也奉行这样的理念，并取得了巨大的成功，它就是茑屋书店。茑屋书店创立于1983年，在全世界开了1400多家门店，每月盈利上亿日元[1]。

茑屋书店最大的特点就是它并不只是卖书的空间，它更像一个"图书的博物馆"。每本书所处的环境、场景都是精心设计过的。在这个空间里，书被醒目地凸显出来，书才是真正的主角。正是凭借这个理念，茑屋书店获得了广大爱书人的青睐，也造就了图书零售界的一个奇迹。

如何理解"商业的卢浮宫"

这并不是说胖东来展示了各种各样的商业模式，就好像卢浮宫的展品一样琳琅满目，而是说，胖东来要在自己小小的卖场里，尽可能地展示商业之美。每一次顾客拿起商品，脸上露出微笑；每一次服务员服务顾客，带给顾客情绪价值；每一次保洁员清洁场地，给大家创造整洁舒适的环境，这都是一个又一个美好商业的精彩瞬间。或者说，这才是美好商业应该有的样子。

想想看是不是这样，有的商业调动的是人性的贪婪、占有欲，带给顾客的是遗憾，是焦虑，是不舒服，是痛苦，而有的商业调动的是人性中的美好、自由、奉献、利他，带给顾客的是满足、快乐、感动和喜悦。如果这个世界上真的有一个像卢浮宫这样的商业博物馆，它汇集了人类历史上各个时期、各个国家商业的遗存，你觉得是那种混乱的、调动人性之恶的商业能被馆藏，还是那些代表着美好和希望的商业能被馆藏呢？

从这个层面上理解，"商品的博物馆，商业的卢浮宫"这个目标表明胖东来已经超越了通过商品赚钱这个维度，它思考的是商品文化、商业哲学。别觉得这是些虚头巴脑的东西。一方面，高维度的思考可以指导商家的实践。这么多年

---

1. 文化艺术报，《告别"茑屋"》，施晓宇，2024-10-11。

来，各种零售业态、各种竞争似乎并没有冲击到胖东来，胖东来一直非常坚定地在走自己的路。另一方面，高维度的思考可以引导顾客健康理性消费。深藏在河南三线小城市的胖东来之所以能吸引全国的目光，就是因为它在商品和商业理念上已经处于全国甚至世界领先水平了。

总结一下，早期胖东来把"用真品换真心"当作商品经营的原则，这奠定了它扎实的口碑和可持续发展的企业文化。随着业务的发展，胖东来对商品的认识更加深刻，从提升商品的内外价值到创造独特的商品体验，胖东来走出了自己的商品经营之路。在此基础上，胖东来逐渐发展出一套完整的商品哲学，它用这种理念指导自己的实践，让企业远远领先于同行业竞争者。

从底层逻辑角度，我们可以说，在对待商品上，胖东来打的是一套组合拳，这里头有理念、有实操办法、有定价策略，有基本底线。很多同行学习胖东来，只抄了胖东来的商品清单和定价，或者抄了胖东来的商品陈列和进货渠道，希望可以借此复制一个胖东来，这肯定是不行的。学习胖东来的商品经营，就要学全套，不然一定会水土不服，以失败收场。

胖东来启示录2：要让员工培养跟商品的感情

在LV（路易·威登）门店，员工每天早上开门之前第一件事就是清扫，店员需要先擦拭货架，然后戴上手套小心地拂去货架上商品的灰尘，最后再把商品摆放好，让商品以最好的面貌迎接进店的顾客。

清洁这样的小事本可以交给保洁公司来做，或者雇个保洁员来做，为什么一定要全员参与呢？答案就是，员工要培养自己跟商品之间的感情。

这听起来好像很无厘头，让人跟冰冷的商品培养感情，是不是有点太矫情了？再说，对自己的东西有感情这还比较容易理解，例如一个你背了10年的背包，你有感情舍不得扔。对于即将要卖出去的东西，为什么要培养感情，这又是怎样的一种感情？

尊重和信任是感情的基础

讲到感情，我们最经常说的一句话是，尊重和信任是感情的基础。如果两个人之间互相怀疑，感情是不可能长久的。这种观念同样适用于人和商品之间。如果没有尊重和信任，商品交易的过程也不会顺畅。

什么叫对商品的尊重呢？我们可以假设一个场景，如果现在你有一堆破烂儿要处理，你对它们充满了厌恶，别人给你一点钱你就愿意卖，甚至不给你钱，你白送给别人都行，因为你只想快点儿远离它们，让自己清净一会儿。那么很明显，这些破烂儿在你眼里一文不值，你对它们是没有尊重的，你不认可它们的价值，也不希望跟它们有什么关联。

这时候，有一个回收废品的人接手了这些破烂儿，他不会像你一样心生厌恶，因为在你眼里一文不值的东西，在他眼里可能是宝贝。例如书报、纸箱、玻璃酒瓶、易拉罐等可回收的东西，分门别类整理好后他可以卖给废品回收站；废旧电器、旧衣服、旧鞋子等修补好后他可以自己使用；其他的，像一些摆件、小玩具等，稍微清洁修理后就又可以恢复原有功能了。同样还是这一堆破烂，不是它本身没有价值，而是你是否尊重它，认可它的价值。

理解了这个道理，我们再来看超市这个行业，同样是卖商品，不同的人对待商品的态度是非常不一样的。有的超市，不管是仓库还是货架，东西都随便堆，商品上落满了灰尘。他们对待商品的态度跟对待破烂儿差不了多少。这样的商品，你指望顾客能喜欢，那是不可能的。因此像LV、胖东来这样的商家，它们均要求员工必须要尊重商品。怎么体现尊重？包括日常的清洁，对商品的运输、搬运、拿放，商品陈列的环境等，都好像在对待一个宝贝一样。只有商家把自己的商品当宝贝，顾客才会把它当宝贝看待。

那什么叫对商品的信任呢？也非常简单，就是作为商家，你是否相信你的商品，觉得它有价值。很多商场和超市会用打折吸引顾客，这是因为它们觉得这些商品本身就不值那么多钱，标价只是一个手段。这样一来，在商家和顾客之间慢慢就形成了一种畸形的购销关系——顾客不信任商家，觉得商品跟标价不符，以至于正常标价的商品没人买。商家只能不停地降价做促销才能刺激顾客购买。

那么正常的信任关系是怎么样的呢？我今天将苹果卖6元/千克，我真的觉得它值6元/千克，我信任它的品质，也信任它能给顾客带来6元/千克或者远超6元/千克的价值。这样的话，我根本不需要通过"自降身价"吸引顾客，本身我把商品做好，把服务做好就行了，没必要跟顾客玩价格游戏。

这其实也正是胖东来的做法，在谈到商品折扣时，于东来有一段话讲得非常透彻：

胖东来最早的时候和大家也是一样，但是十几年前我们就把促销活动、做海报都停止了，把精力都用在了正事上，不断进行商品优化，以前是想尽办法找低价、拉人气的商品，但是这样就会永远让我们迷失着，好的客户看了我们的商品就不会进来消费，因为你不值得信任。如果我们一直做促销活动，本身客户是不想占便宜的，但最终培养了占便宜的状态，这样我们不是成就了顾客，而是害了我们的顾客。[1]

以商品之名爱顾客

想想看，什么时候人们会把自己最心爱的东西给别人？

只有一种情况，那就是面对你心爱的人的时候，例如父母把最宝贵的东西给到自己的子女，夫妻把最好的东西给另一半，老师把最有价值的东西教给学生。在这个过程中，把好东西给别人时，会觉得痛苦吗？不会，他反而会很快乐。我们通常把这种感受叫做"利他"，让别人得到美好的东西，也让自己因为给予而感到幸福。

传统的商业很多是利己的而不是利他的模式。所谓利己，就是自己得利，自己多赚钱。我们听说过或者遇见过黑心商家、无良商家，他们为了赚更多钱，会销售劣质的、高毛利的商品，坑害顾客。

然而，随着市场经济的发展，商品开始变得丰富，卖家和买家信息不对等的情况也慢慢被打破了，那些只考虑赚更多钱的商家很快就被顾客遗弃了。很多人说零售业难做，为什么零售业走到今天这么艰难呢？于东来的答案是：

顾客不信任你了，企业一旦失去了信任就不要提未来了。除非是他（顾客）没得选，还要生活，只能选择你，只要有一个更好的选择，他（顾客）马上就转变了，这种情况就导致我们整个零售业开始走进"死胡同"。[2]

正确的做法是，商家需要有一颗利他的心，要懂得把好的商品、宝贵的商品

---

1. 胖东来官网"东来讲堂"，《【东来哥会议记录分享】联商学员第八课——成就幸福的团队，传播爱的美好》，2022-07-21。
2. 胖东来官网"东来讲堂"，《【东来哥会议记录分享】联商学员第八课——成就幸福的团队，传播爱的美好》，2022-07-21。

带给顾客。什么叫好的商品、宝贵的商品？不是说商家要找到什么稀世珍宝，而是要认真做好选品，帮顾客把好关，然后用心甚至用爱对待这些商品。再以利他的心态，把这些商品传递给顾客。

举个例子，假设我开了一家餐馆，在采买食材的时候，我就不会选那些卫生没有保障、添加剂超标、以次充好的原料，我会对我出品的每一道菜都充满感情，因为它们都是健康、卫生、美观的，都是我以给家人做饭的标准做出来的。如果顾客点菜点多了，我会劝阻他，这是因为我对我烹饪的菜肴有感情，我不希望它们被浪费，而且我对顾客有感情，我不能因为自己多赚钱而让顾客受损失。

可能有人会说，你这纯粹就是自己感动自己，做生意本来就是要以多赚钱为目的，要是每天想这么多，生意还怎么做。

其实，质疑者口中"想这么多"的事正是胖东来这样的商家成功的秘诀。你是不是对商品好，是不是对顾客好，顾客都能感受到。过去顾客没得选，例如一个城市就那么几家大超市，你做成什么样顾客都会来，然而，一旦顾客有了更多选择，他们一定能分得出好坏。因此，从长期主义的视角来看，那些利他的商家反而更容易赚到钱，也更能抵御风险。当然，利他的前提是你要有拿的出手的东西，这又回到了最开始的逻辑，想要利他，你必须要有宝贵的东西。说白了，倾注你的感情的商品就是利他的桥梁和工具。

如何跟商品培养感情

跟商品培养感情并不是件容易的事，并不是说你每天擦拭商品、抚摸它，跟它说话，你就能跟商品有感情。接触只是培养感情的第一步。后续还有两个步骤也非常重要，那就是"专业化"和"体验感"。

　　所谓**"专业化"**，就是你要了解商品，知道它好在什么地方，为什么有价值，以及能带给别人什么效用。

　　在胖东来，人们只看到服务员态度好，面带微笑，这其实是非常表层的东西，胖东来对服务员的专业性有非常高的要求。商品的参数、性能、特征、应用场景、同类品对比等，掌握这些专业知识是服务员的基本功。其实，不只是店面服务员，包括各个岗位，都要有专业度，这样你才能说出来商品好在哪，为什么好。

　　于东来在谈到专业化的时候讲过一句话，非常简单也非常直观：

　　做业务的需要知道哪个地方的西瓜熟了、哪个地方的香蕉熟了、哪个地方的榴莲熟了……包括谁种的，都要非常了解，这就是专业！[1]

　　的确是这样，如果一个业务人员只知道香蕉每千克多少钱，哪个批发商手里的货便宜，这不算了解商品，也不算有专业度，只算具有基本的业务技能。作为胖东来的员工，对商品要知其然，也要知其所以然，这样你对商品才是有感情的。向顾客介绍商品的时候，你才能做到用心介绍，而不是照本宣科。

　　所谓**"体验感"**，就是要尽可能近距离接触商品，或者体验商品的使用的场景，这样再向顾客介绍商品或者服务顾客的时候，就会更专业，也更有人情味。

　　胖东来超市部员工边丽佳记录了这样一个有趣的故事。边丽佳在胖东来负责宠物用品区域，有一位大姐经常过来买东西，一来二去大家就熟悉了。后来朋友送给那位大姐一只泰迪犬，大姐不知道怎么养，特意跑来找边丽佳咨询。有一次，大姐问边丽佳，狗狗拉肚子要怎么解决。说实话，这个问题把边丽佳问蒙

---

1. 胖东来官网"东来讲堂"，《【东来哥会议记录分享】联商学员第七课——懂得好的文化，让生命更美好》，2022-06-25。

了，因为宠物疾病方面的知识她还没有深入了解。为了更好地解决大姐的问题，也为了更好地服务其他顾客，边丽佳决定自己也养一只小狗，这样就能更了解狗的习性。想到这里，她真的就去做了。这个方法果然很奏效，边丽佳养了狗之后经常跟大姐一起讨论养宠物的心得。大姐总说"我（边丽佳）能让她买到最称心的商品""在任何地方都体会不到像胖东来这样用心的服务"。[1]

这样的故事在胖东来不胜枚举，很多人参观胖东来的时候发现，工作人员谈起商品时都非常有热情，以为这是员工培训做得好，或者是有固定的销售话术。其实，各种技巧都比不上员工自己懂商品，自己跟商品亲近。只有员工跟商品有感情，才能让顾客跟商品有感情，这是个非常简单的道理。

总结一下，为什么胖东来生意那么好？一个重要的原因就是胖东来真的懂商品，而且它也知道顾客对商品的真正期待是什么。2024年7月，一则化工油罐车运载食用油的新闻成为了网络讨论的焦点，广大网友又掀起对食品安全问题的大讨论，没想到紧接着胖东来也上了热搜。顾客冲进胖东来，把货架上胖东来自营品牌的食用油一抢而空。[2]在顾客的感知里，胖东来就是真品真心，胖东来就是好看好用，胖东来就是商业界的一股清流，不管外面有多纷繁复杂，它总是能给顾客提供最好的商品。

胖东来对商品的感情没有错付，顾客用脚投票作出了选择。其实不只是超市这个行业，各行各业的商家都应该好好研究自己的商品，提升对商品价值的认知。商品不只是用于交易的"商品"，它更是企业的门面。例如一家餐馆，你的菜品就是你的门面，一家环保科技公司，你的

1. 胖东来官网"爱的路上释放温暖的力量"，《宠物专家》，超市部边丽佳。
2. 北京商报，《胖东来多家门店自营食用油卖断货》，2024-07-11。

解决方案就是你的门面。你的员工、你的顾客、你的上下游合作者都是借助商品以及你对待这些商品的态度形成对你的印象。

如果你是开餐馆的，今天又出现了食品安全方面的负面新闻，顾客会不会相信你的菜品绝对可靠，敢不敢把你的菜品给家里的老人吃，给孩子吃，给孕妇吃？如果你做的产品跟日常生活息息相关，那么你的员工是不是真的会用你们自家做的产品，如果不用，原因是什么；如果你做的是工业品或者生产资料，那么你的员工是不是会给自己的朋友、亲戚推荐你们的产品，如果不是，原因是什么。很多企业只有老板一个人在不遗余力地推广产品，也有很多企业，产品本身没有竞争力，只能靠低价、促销、广告推广产品，这都是很可悲的。

让商品再次回到舞台中央，聚焦在商品本身，培养跟商品的感情，也以利他之心把好商品介绍给顾客，只有这样，企业的活力才能真正发挥出来，才能在竞争中立于不败之地。

第3章

场景
——彻底的场景革命

胖东来关于"场"的经验，值得借鉴。现在有一种很普遍的论调，即"实体必亡"。很多人认为，实体店铺投入大，成本高，风险高，未来是没有出路的，消亡只是早晚的问题，而胖东来的实践却证明，不是实体必亡，而是找不到方法的实体必亡。

"

胖东来成功的秘密，藏在卖场里

楚河是法国里昂商高等商学院的一名学生，他一直关注零售业，这学期，他想把胖东来作为研究对象，所以特意利用假期来河南考察。他想弄清楚一个问题，那就是，为什么像家乐福这种国际化超市在中国会"败走麦城"，而像胖东来这种本土超市反而能逆势成长。

在胖东来，最吸引楚河的不是网红商品也不是各种服务细节，而是胖东来的环境，转了一圈下来，楚河有几项发现。

第一，胖东来卖场的环境非常好，不像是超市，更像是高档商场。楚河做了一个对比，法国里昂家乐福门店是家乐福全球最大的门店之一，这个门店有损坏的地板，有失灵的灯泡，有未清洁的货架，但是这些在胖东来统统看不到。胖东来的地板能倒映出人影，灯光明亮，货架干净整洁。

第二，胖东来的服务非常好，不像自助购物的超市，更像是星级酒店。对比来说，法国超市大多使用自助机器，如食品称重、商品价格查询等。胖东来也有很多自助设备，但人工服务比较多，有问题很快能得到解决。

第三，胖东来的服务员非常热情，服务的主动性也比较强。家乐福以客户自选为主，顾客跟服务员基本上没有交流，对比起来，胖东来卖场里人与人的交流比较多，更有人情味。一般来说，顾客去家乐福购物目的性比较强，就是冲着商品去的，而在胖东来购物显得更松弛一点，有逛街的感觉，购物的过程能明显感觉到自己在被服务。

可是，这些真的很重要吗？楚河感到有点迷惑了，教授在课堂上讲到零售业，一直在强调商品供应链、定价和营销策略、信息化、网络化、自营品牌这些内容，很少提到卖场环境这个问题。

"环境""场景""服务""态度"，楚河把这几个词写在笔记本上，然后在每个词外面画了一个圆圈。楚河也去过家乐福中国区的门店，除了货品跟法国有区别之外，在环境和服务上，家乐福中国的门店跟法国的门店大同小异。难道环境和服务是家乐福中国的门店落败的原因？那么环境和服务背后又是什么，是商家没有认识到这一点，还是管理能力不足？是人工成本太高，还是没有这样的企业文化基因？

在跟老同学聚餐时，楚河把自己的这些思考讲给国内的同学听，同学笑着说："你有没有想过，也许不是因为家乐福做得差，而是胖东来太卷了。胖东来这种环境和服务谁不喜欢，一旦顾客喜欢上这种体验，国内其他超市想要活下来，必须得跟着卷啊！"

朋友的话让楚河陷入了沉思，如果"卷"这个逻辑成立的话，是不是意味着胖东来不但能打败家乐福，甚至能直接跟电商竞争，或者跨界跟餐厅、菜市场、百货商场、奢侈品店竞争？竞争的结果是什么，这是不是意味着一种新型的线下商业模式正在出现，未来的商业会打破品类的限制，而以场景为分类依据。

楚河越想越兴奋，他迫不及待地打开电脑给导师写邮件，他觉得自己研究的目标不应仅仅局限在家乐福和胖东来的对比上，他想要跟教授探讨未来商业模式的问题。他改签了机票，打算在河南多留几天，再好好研究一下胖东来。

卖场的硬件和软环境

胖东来卖场的硬件

在胖东来许昌生活广场的外墙上，有一张"胖东来设备供应商名录"，上面详细列明了这家卖场所使用的各种设备的品牌，生产厂家，联系人等。其中，电子秤采用的是梅特勒·托利多品牌，供应商是河南大坤电子技术有限公司，联系人是赵女士。普通人可能看不出来这条信息的价值，但如果是业内人士，单看着一条信息，都不用进超市，大概就知道胖东来是个什么样的超市。

因为梅特勒·托利多是电子秤里排名前列的品牌，相应地，价格也比较贵。很多老板不舍得选这个品牌，一是因为成本高，二是因为对消费者来说，你用1000元的秤和用10000元的秤，他是看不出差别的。为什么要在这上面多花钱呢？

如果仔细研究这张"胖东来设备供应商名录"，你会发现，不只是电子秤，胖东来使用的各项设备都是一流的。其中冷链柜使用的是松下冷链，供应商是松下冷链（大连）有限公司、河南新亚电器有限责任公司，联系人王先生；地板砖用的是马可波罗的，供应商是河南欣博装饰材料有限公司，联系人是张先生；购物车选用的是上海众旺品牌，供应商是众旺商用设备（上海）有限公司，联系人是任先生；货架采用的是凯旭品牌，供应商是佛山市凯旭货架有限公司，联系人是张女士。像鱼缸、海鲜池、休息区木皮板、陈列道具这些小东西，胖东来也是找专业公司设计制作的。

不过，说实话，这里头的很多牌子顾客并不熟悉，大部分设备顾客也区分不出好与坏。以货架为例，顾客不会专门跑过去看看货架的材质、结构和设计，更不会关心生产厂家，因此，到底是定制的高级货架还是批发市场买的便宜货，顾客并不清楚。

然而，如果你认为胖东来这样做毫无用处，那么你就错了，可能对于某个单独的设备顾客看不出差别，但当这些设备摆放在一起，组成了一个整体，顾客一定能够感受到差别。例如地板砖，高质量的地板砖光泽度、耐磨程度、稳定性都比较好，顾客虽然不会关心超市用的地板砖是什么牌子，但是好的地板砖看起来是不一样的。货架也是一样，顾客可能不会关心货架的生产厂家，但是有设计感的高品质的货架更便于展示商品，顾客拿取商品更方便。好的地板、好的货架、好的电子秤、好的冷链，所有这些组合在一起，就是顾客看到的胖东来的样子。

逛过胖东来的顾客很容易感觉到胖东来跟一般超市在硬件上的差别，这种直观的感觉就好像对比一家五星级酒店和一家个体小旅馆，都不用体验两边的服务，单纯视觉上就有很大差别。

好环境不是靠钱堆出来的

当然，这些并不单是靠钱堆出来的，并不是说有了这些高档的设备，超市立即就变得高档了。在"胖东来设备供应商名录"最前面，列出了工程设计单位和工程总负责单位。工程设计单位是胖东来超市设计部，工程总负责单位是胖东来超市工程部。你可能很难想象，对于一家只有13家门店的商超品牌，居然会专门设置设计部和工程部。

也许有人会说，干超市的懂什么设计和工程，也就是做做样子。其实还真不是这样，胖东来还真的非常懂设计和工程。在胖东来管理体系中，有一份重要的文件，叫《许昌市胖东来商贸集团施工手册》，这份文件详细列出了胖东来大型装修流程图，以及工程施工的各项标准。

在装修流程上，一共有3个阶段，15个步骤。3个阶段分别是施工前、施工中和施工后。15个步骤包括：图纸（设计图纸、图纸审核、图纸送审），采购（设备材料筛选、验货入库）、材料送检、施工申报（施工资质、特种作业操作证、保险凭证）、向施工方提供资料（图纸、施工标准）、材料出库、安全培训（消防、用电）、施工（工人施工、专职电工）、现场监护、施工抽检（工艺抽检）、进度跟踪、协调调度、应急预案、施工验收、资料归档。

以施工后验收为例，可以看看胖东来对工程的要求有多严格。在《许昌市胖东来商贸集团施工手册》中，验收标准包括三大类，分别是整体验收、消防验收和电力验收。其中仅整体验收就有11项，包括吊楣验收、地板砖验收、木地板铺贴验收、地脚线验收、两厅交界验收、天花板验收、试衣间验收、壁纸墙布验收、货柜验收、仓库验收和整体卫生验收。以第一项吊楣验收为例，胖东来的验收标准如下：

吸顶式：用8mm全丝吊杆，上端用膨胀丝固定于混凝土上，下端用螺母加大平垫锁紧于吊楣顶部的木板上，吊点间距不得大于1500mm。吊楣安装好后，整体必须平直，两端接缝严密、平整，与天花交界处不得有大于3mm的缝隙，内置有灯箱的，必须预留检修口。

悬挂式：用8mm全丝吊杆，上端用膨胀丝固定于混泥土上，下端用螺母加大平垫锁紧于吊楣顶部的木板上，中间吊杆裸露部分套不锈钢管和饰盖装饰，与天花板连接部分加装装饰盖，吊点间距不得大于1500mm。吊楣安装好后，整体必须平直，两端接缝严密、平整。

Logo吊装：Logo底部距天花板450mm，固定于天花板，与天花板连接部分加装装饰盖，顶端与主龙骨或混凝土实顶连接。

以上这些内容至少说明了两点：第一，胖东来非常重视卖场环境的细节，小到吸顶式吊楣到底用什么类型的吊杆、吊点间距、吊楣与天花交界缝隙、预留检修口这种细节都有非常严格的要求；第二、胖东来对工程、装修等问题非常专业，高标准严要求，通过专业性保证各项标准落实到位。

这两点恰恰映照出国内很多卖场在环境和硬件上的短板。有些卖场在环境打造上也投入了很多钱，但是往往只重表面，例如有很多炫酷的设备，造型奇特，外表光鲜，但是因为不注重细节，后期工程问题一大堆。还有些卖场，工程和硬件全部外包给第三方公司，自己当甩手掌柜，这导致后期卖场使用起来很不方便，环境和设备也很难维护。

胖东来卖场的软环境

除了硬件之外，胖东来更值得关注的是它的软环境。什么叫软环境呢？包括两方面：一个是服务过程中的细节，也就是服务的颗粒度；另外一个是卖场里的人文环境，也就是顾客能感知到的人情味。

先来看服务过程中的细节。在许昌胖东来时代广场外面的广场中，有一个免费停车棚，供顾客停放自行车或者电动车。许昌跟北京、上海这种大城市不同，很多顾客是骑自行车或者电动车去购物的。免费停车棚考虑到了这部分顾客的需求，按说服务做到这一步就已经很细致了，但胖东来并没有止步于此。在免费停车棚，胖东来提供了降温水桶和毛巾。夏季温度很高的时候，车停在户外，车座温度会升高，再骑的时候不方便，用凉水和毛巾擦一下，既能清洁又能降温，这大大方便了骑车人。

另外，一般大家在停车的时候只关注自己的车辆，随着车辆越来越多，车棚里车辆摆放会越来越混乱，车主再回来的时候可能很难找到自己的车，也很难推出来。为此，胖东来专门有人帮顾客摆放车辆。下雨的时候，还有人专门帮这些车辆披上雨衣。

免费停车是一项便民服务，这种服务很多超市都能提供，但像胖东来这样，在免费停车棚之外还能提供更细致、更人性化服务的超市很少，这就叫服务的细节，也叫服务的颗粒度。很多卖场的服务都是大颗粒度的——有服务就行，差不多就行，但胖东来把服务拆分成更小的颗粒，一秒钟把服务做进了顾客的心里。

除了这些细节之外，胖东来还注意营造卖场的人文环境。工作人员非常热情但绝对不会过度服务，让人觉得非常舒服。这种服务可以用3个词概括，分别是亲切、有效、人情味。

所谓亲切，就是服务员在对待顾客时，并不像商家和顾客的关系，更像是家人或朋友的关系。举例来说，胖东来的《服装岗位实操标准》要求服务员要主动跟顾客打招呼，称呼亲切准确，例如"您好，过来了姨\叔\姐\哥\美女\帅哥，随便看一下，有什么需要叫我"。顾客在挑选商品时，如果要了解顾客需求，可以说"您好，请问您是自己使用，还是送亲人、朋友？"如果商品出现缺货，有同类商品可推荐时，可说"这种也不错，您看行吗？"以上这些话语，都能迅速拉近人与人的距离，听起来很舒服，而且不会让顾客有压力。

所谓有效，就是要真正能解决顾客的问题，而不是用漂亮话"打太极"敷衍顾客。举个例子，你去一家超市，拉住保洁员问她一些关于商品的问题，她多半会说："不好意思，我是保洁员，我不太清楚。"然而，在胖东来，一些基本的问题，例如矿泉水在哪个柜台，保洁员会立即帮你解答。一些她解答不了的问题，胖东来的《服饰部保洁岗位实操标准》规定的话术是"对不起，您稍等，我请一位同事来为您解答"。

再例如，我们去逛商场，某件商品缺货，服务员一般会说："不好意思，这件商品卖完了。"然而，胖东来的《服装岗位实操标准》规定的话术是："实在对不起，这款商品暂时缺货，请您留下联系方式，等到货后，我们马上通知您，好吗？"

总之，面对顾客的问题，胖东来给出的是有效性的解答，也就是说，在这个交互过程中，要么立即解决顾客的问题，要么找到能帮助顾客解决问题的人，要么给顾客提供一个替代方案，绝对不让顾客的需求落空。

所谓人情味，就是在各项标准化话术和标准化流程之外，提供更符合当时情况的，更符合人情的解决方案。胖东来服饰部员工王会晓记录了一个故事。有一个大娘去买鞋，付钱的时候，大娘小心地打开包着钱的手绢，这里头有纸币也有硬币。大娘付了50元，王会晓需要找给她13元，当大娘再次拿出手绢的时候，王会晓突然意识到如果再找给大娘硬币，包在手绢里容易丢，于是她就跟大娘说："大娘，我把您的硬币都换成纸币吧，纸币不容易丢。"[1]

上面这个例子包含了一项特别有人情味的服务。按说王会晓只要把钱找对，工作就算完成了，但她敏锐发现了大娘的实际情况，于是灵活做了调整。大娘因为这个细节也非常感动。

亲切的服务让人愿意接近，有效的服务能解决顾客的问题，而富有人情味的服务则能直达顾客的内心，让人感动，这3点共同作用，构筑了胖东来卖场里温馨的人文环境。

总结一下，所谓卖场环境，既包括卖场硬件，也包括软环境。环境不是砸钱就能搞好的，它还需要卖场经营者的投入度和专业度。尤其是软环境，它是无形的，需要商家有以顾客为尊的谦卑心态，同时又能设

---

1. 胖东来官网"胖东来故事手册（一）"，《那一刻，我们都曾经有过》，服饰部王会晓。

身处地考虑顾客的需求。环境的细节涉及商场软硬件的方方面面，所谓细节是魔鬼，想要提升卖场环境的品质，就需要在各个方面下功夫。

一个卖场和1000个场景

从卖场到场域

在传统零售业术语中，"场"就是卖场，是销售商品的场所。场所不同，卖场的形态也不一样。例如超市，商品是摆在货架上的，货架和周边的空间就组成了卖场。如果是流动摊贩，商品摆放在三轮车上或者汽车后备厢里，顾客在附近挑选，那么这一小块地方就是卖场。现在很多人喜欢网络购物，商品会上架到网络店铺里，顾客通过商品店铺广告和商品详情页了解商品，那么网络店铺就是虚拟的卖场。

也有人更进一步，把"场"解释为场域，如一家超市除了进门之后的销售场所，还包括外面的停车场、人行走道、广告位等。如果是线上商城，除了网上门店之外，还包括线上广告推广、私域流量社群等。人们把所有跟销售商品有关联的空间合并起来，称为场域。

以实体的卖场为例，人们说去逛超市或逛商场，其实说的就是逛卖场或者场域，卖场或场域里的细节决定了人们的体验感。例如，周末你去逛一家新开的高档商场，商场装修气派，货品高档，服务人员也很热情，这样的环境让你感觉非常好，你对商场的评价也很高。然而，等买完东西要去地下停车场，你发现下行只有步梯没有电梯，需要拎着东西走很久。到了地下停车场，你发现停车场灯光昏暗，有些灯管坏了一直在闪，让人很不舒服。墙角边堆满建筑废料和垃圾，整个停车场散发着恶臭……这时候，相信你的体验感会急转直下，你对这个卖场的评价也会大打折扣。

从卖场到场域，人们把这种情况称为卖场在空间上的延伸。过去商家只要管好商品陈列、商品交易那么一小块空间就行，现在商家需要考虑大的场域概念，如商场的洗手间是不是干净，商场有没有残疾人通道，商场有没有宠物寄存处，商场有没有免费停车场，商场有没有母婴室，商场能不能提供无线网络等——这些空间和设施跟商品交易没有直接的关系，但会间接影响顾客的体验感。

以胖东来为例，胖东来非常重视卖场空间的延伸。作为顾客，可能你还没有走进商场大门，但其实就已经进入了胖东来的"场域"。例如你是开车来的，胖东来在停车场入口处有专人指挥交通。这样做不但能保证车辆有序行驶，还可以人为控制车流量。到了停车场，你发现胖东来的停车场非常干净，完全没有卫生死角。停车场还提供很多便民服务，包括免费充气、免费补胎、免费电瓶接电等。从停车场坐电梯进入卖场，电梯口也有工作人员。这样做既能维持秩序，还能帮助老弱妇孺，保证他们的安全。

过去我们说卖场，卖的仅仅是商品，只有达成了具体的销售业绩，才叫销售成功，而现在，卖场卖的是整体体验，卖的是理念，卖的是认同。假设一个顾客逛完胖东来什么商品都没带走，但在逛的过程中胖东来给他留下了美好的印象，顾客对胖东来也非常认可，那么在这个过程中，胖东来有没有把什么东西卖给他呢？有！胖东来卖给了他体验感和认同感。这个人未来可能会来购物（变成潜在顾客），也可能跟别人描述胖东来的购物体验（变成品牌传播者），这两点对胖东来来说都非常有价值。

除了空间延伸之外，从卖场到场域还意味着卖场在时间上的延伸。什么意思呢？过去人们谈论卖场，讨论的是商品展示和商品交易的过程，现在人们更强调商品交付、售后服务、顾客关系维护等后续的过程。

以胖东来为例，为什么很多人喜欢在胖东来买东西，因为很多商家卖完东西就不管了，而胖东来能负责到底。例如，你在胖东来买了一台空调，一般顾客买完空调都是自己联系厂家安装，而胖东来有自己的送货安装服务，工作人员会主动联系你，进行上门安装、调试。有些空调用了5年、10年，过了保修期，甚至有些厂家倒闭了，你找胖东来，胖东来还能帮你维修。如果购买的空调有质量问题，你也不用找厂家，你直接一个电话打给胖东来，它会负责帮你解决。这也避免了商家、厂家跟顾客来回"踢皮球"，互相推诿责任的问题。

过去，卖场是卖场，售后是售后。在企业里，这分属两个部门，业务基本没有交集，考核指标也不一样，大家井水不犯河水。然而，对于顾客来说，他并不知道什么卖场、售后，他只会找商家解决问题。

而胖东来再次对卖场进行了延伸，不仅商品交易的场所是卖场，商品交付、客户服务，也都是卖场。这个卖场卖什么？第一是卖理念，胖东来通过延伸的优质服务，把胖东来可信可靠这个理念"销售"给顾客；第二是卖口碑，每一次接触顾客，都是积累顾客信任的过程。

像上面提到的，生产厂家都倒闭了，胖东来还在为自己卖出去的商品负责，看似胖东来做了赔本的买卖，但被服务的顾客会成为胖东来的忠实顾客，进行更多的消费。把"服务场域"变成了"销售场域"，这恰恰是胖东来的厉害之处。

举个例子，2024年6月，胖东来商贸集团微信公众号发出《关于新乡胖东来餐饮商户"擀面皮加工场所卫生环境差"的调查报告》，报告称对顾客作出退款及补偿，对所有于2024年6月9日至2024年6月19日期间在新乡胖东来两店餐饮部购买擀面皮、香辣面的顾客（每份8元）办理退款，给予1000元补偿。看似胖东来做了赔本的生意，但很多没领到赔偿款的人，转头就在胖东来把这1000元花了。另外，这件事帮胖东来赢得了口碑。通过不计代价的赔偿，胖东来把可靠可信这个理念"销售"给了更多顾客。

从场域到场景

在空间和时间上延伸卖场只是胖东来对卖场的重新定义，更值得注意的是，胖东来在重新定义卖场后所采取的策略。

在一份名为《超市部员工共性实操标准》的文档中，关于超市部员工的服务规范，共有20条要求。乍一看，这些要求非常烦琐，也没什么逻辑，但仔细分析你会发现，每项要求实际都对应着一个场景。你可以把这个场景理解成一个画面——里面有环境，有人物，有事件，也有对话。如果把这20条要求对应的画面连贯起来看，就完整呈现了一位在胖东来工作的员工将会经历的各种场景，像一部小短剧。关于超市部员工服务规范的20条要求举例如下，其中括号内为场景标注：

①顾客到来时，员工应面带微笑，主动问好或点头示意。

（顾客进展厅或者柜台，第一次跟顾客接触的场景）

②顾客有需求时，及时放下手中的工作上前接待顾客，为顾客提供帮助，超出自身权限时，及时上报主管。

（接待顾客，以及超出自身权限时处理问题的场景）

③顾客购物出现意外破损时，礼貌告知顾客"没关系"，立即为顾客送上同样的商品，便于顾客购买。

（应对客户意外损坏商品时的场景）

④需给予顾客电话回复的信息，应在规定时间内按标准给予顾客回复。

（电话回复的场景）

⑤根据顾客需求，主动为顾客提供糖果或便民设施（如哭闹的儿童、低血糖的顾客、需搀扶的老人）。

（为特殊顾客和特殊需求提供服务的场景）

以上这些举例，就是服务的场景。顾客来到胖东来，逛的是同一个卖场，但每个人经历的场景是不太一样的。例如，有的人会遇到缺货的情况，需要电话回复，那么他就会经历电话回复的场景；有的人可能不小心打碎了货架上的红酒，那么他就会经历应对客户意外损坏商品时的场景。

对于胖东来的服务员来说，有些场景他们一天要经历很多次，如跟进店的顾客打招呼；有的场景可能一天也不会经历一次，如处理打碎红酒的场景。不过，总体来说，面对他所在的岗位，他需要学会应对几十个甚至上百个场景，20条只是基本情况的列举，更多的场景需要服务人员结合胖东来服务理念和现场环境，灵活判断。例如，一位购物的老人突然昏迷倒地，这样的场景怎么处理？小孩子在卖场追逐打闹，这样的场景怎么处理？摆放商品的货架突然坍塌，这样的场景怎么处理？

如果站在整个胖东来的角度，企业需要考虑的场景就更多了。首先是根据既往经验总结出的工作场景，也就是不同职位的工作人员所面对的场景。例如在停车场入口的服务员，他会面对什么样的场景；收银台的工作人员，他们会遇到什么样的场景；上门服务的售后人员，他们会遇到什么样的场景。其次是根据观察总结出的顾客的行为场景。例如，顾客推购物车上电梯时，购物车可能会打滑的场景；顾客用手揉搓连卷袋（生鲜购物袋）却打不开的场景；顾客拿取冰柜里冷冻食品时冻手的场景等。最后是因为恶劣天气或者其他突发状况而必须应急处理的场景。例如突降大雪，顾客带着雪进到卖场，导致卖场地板变得泥泞湿滑；这些场景累加在一起，可能有成千上万个。

胖东来的场景服务

这么多场景，胖东来要怎么应对，难道要把1000种场景都列举出来，再分别给出解决方案吗？再说，真的有必要要求这么细吗，遇到这些场景时随机应变不就行了，为什么还要分别列举呢？

先说第二个问题，对卖场做场景分析的两个作用。

一是优化服务流程，提高服务水平。以顾客购物出现意外破损这个场景为例，如果没有对这个场景进行分析和提前准备解决方案，不同服务员可能会采取不同的应对办法。有的服务员可能完全不知所措，只会找领导请示；有的服务员可能手忙脚乱，大呼小叫；有的服务员可能会忙于清理损坏物品，忽略了顾客。显然，通过场景分析，可以形成处理特定场景的标准步骤。例如，在顾客购物过程中商品出现意外破损时，服务人员应该按照如下步骤处理：第一，礼貌地告知顾客"没关系"（安抚顾客，缓解顾客情绪）；第二，立即为顾客送上同样的商品（继续完成服务）。

二是以场景分析倒逼卖场环境和设备改良。例如，现在大部分超市在生鲜区都提供免费的手撕连卷袋（塑料购物袋），但经常出现的情况是，有人撕下连卷袋后，搓半天都搓不开，非常不方便。胖东来注意到了卖场里的这个场景，于是设置了一个设备叫"湿手器"，顾客用手指头蘸水即可轻松打开连卷袋。这类设备在胖东来有很多。有人很好奇，胖东来为什么总能有这些"发明创造"，其实本质上，这些都是得益于场景分析。胖东来知道顾客会面对什么样的场景，所以提前会针对这个场景提出解决方案。

再来看第一个问题，难道要把1000种场景都列举出来，再分别给出解决方案吗？胖东来就是这样做的。

首先，它根据岗位设定基本的场景和解决方案。这些场景和解决方案融合在胖东来各个岗位的实操标准里。以超市部为例，胖东来有《超市部保洁实操标准》《超市部裱花师实操标准》《超市部播音员实操标准》《超市部存包/梯口员工实操标准》《超市部电工实操标准》等60余个岗位的实操标准，每个实操标准里又有不同的场景和解决方案，可以想象一下，这60余个岗位的员工同时在若干个场景里同时服务顾客，这就能解决一大部分场景中可能存在的问题。

其次，胖东来站在顾客的角度，通过分析顾客购物动线，识别场景，并进行环境和设备的优化。像刚刚提到的生鲜区连卷袋湿手器，这就一个典型的场景优化案例。类似地，在冷冻商品区域为顾客准备硅胶手套，这样顾客拿取冷冻食品的时候就不冻手。在散装食品区域设置置物台，方便顾客把散装食品放在置物台上观察和挑选。胖东来购物车也是很成功的例子，也曾引发网友的热议。胖东来有一款专门提供给老年人使用的购物车（见图3-1），这个购物车附带一块木板，老人走累了，可以坐在木板上休息。购物车把手的地方有一个折叠的放大镜，这很方便视力不好的老人查看商品介绍。在购物车侧面，还有一个铁环，方便老年人放置自己的拐杖。

图3-1 胖东来供老年人使用的购物车 （拍摄：刘杨）

最后，对于恶劣天气或者出现其他突发状况的场景，胖东来会出台相关的预案或者临时性的解决方案。举个例子，2024年年初，胖东来员工在门口为顾客扫去身上余雪的相关新闻登上了热搜。网友们纷纷表示，"胖东来太贴心了""这样的服务谁看了不迷糊""胖东来为什么不能在全国都开"。据胖东来值班人员介绍说，扫雪服务每年下雪时都会有，每个门店都会有。除了扫雪之外，胖东来还有工作人员用鼓风机为汽车除雪，给电车盖上雨衣。[1]

---

1. 九派新闻，《"给顾客扫去身上雪"引关注，胖东来回应》，记者代梦颖，2024-02-02。

想象一下，在别的超市还在搞卖场布局、销售话术培训的时候，胖东来已经把卖场细分成成百上千个场景，有针对性地优化场景并提供场景解决方案了，这已经不是一个维度的竞争了。

从卖场、气场到能量场，胖东来真的懂场景

从卖场起家的胖东来

1995年，胖东来还是望月楼胖子店的时候，它也就是一个非常普通的零售店，简单的柜台加上货架，销售烟酒和基本的日用品，那时候的店员也不可能像现在的店员这样，有灵活应对各种场景的能力。

1999年，胖东来成立了"胖东来量贩"，至今很多许昌人对这个名字还津津乐道。所谓量贩，就是超市开架售货的模式，不用营业员，你自己就可以拿取自己需要的商品。这个时候，胖东来也还是一个纯粹销售商品的卖场。

在经营的过程中，卖场里一些宝贵的经验被保留了下来，例如胖东来文化中反复提到的"整洁"，这个概念一直贯穿在胖东来卖场发展的各个阶段。整洁不只是商品摆放整齐、洁净，还包括卫生间等公共区域及垃圾桶、废物间等卫生死角都要整洁。在一次内部的分享中，胖东来的创始人于东来甚至亮出了自己家客厅的照片，他告诉员工，整洁的环境可以让人心情愉悦，也有助于生活和事业的发展。

除了这些基本的理念，在卖场的设计和功能上，胖东来也在不断探索。现在，人们提到胖东来就以为是胖东来超市，其实并非如此，超市只是胖东来卖场

的一种形态。胖东来目前一共有13家门店，其中有9家综合型商场，分别是时代广场、生活广场、新乡大胖、新乡生活广场、北海店、金三角店、金汇店、禹州店、天使城店。综合型商场类似于过去的百货商场，里面有胖东来自营的超市，也包括药店、面包店、日用百货、烟酒柜台、小吃街等。商场内有些空间还会出租出去，与其他商家联合运营。这9家综合性商场中，北海店、金三角店、金汇店、禹州店和天使城店成立时间比较晚，在卖场布局上有更大面积的公共空间，各种设施也更有现代感。另外，胖东来还有3家中型社区超市，分别是云鼎店、人民店和劳动店。社区超市主要面对周边社区居民，货品相对较少，在布局上更加紧凑，顾客购物的动线也比较简单。另外，胖东来在许昌还有一家大型服饰卖场。叫胖东来大众服饰。在这家服饰卖场中，胖东来也做了很多创新，例如公开进货价、公布毛利率、布置商品知识展示板等。

　　2022年6月，胖东来还做了一个店中店的尝试，那就是开设"批发集市"。批发集市主要销售各种冰淇淋和应季水果，如榴莲、荔枝、西瓜等。批发集市一般位于门店中庭或者公共区域，采用商品堆头的模式，保证顾客所见即所得。表面上看，胖东来通过批发集市把一些高价商品的价格打了下来，如泰国金枕头榴莲A果，进货价为39.4元/千克，售价为43.8元/千克，毛利率仅为11%。低毛利率可以吸引顾客，增加销售额。实际上，这也是胖东来借助卖场销售模式创新倒逼采购的尝试，因为单靠零售出货量有限，没法通过大批量采购压低进货价（像进口榴莲，整柜采购可以极大降低进货价）。有评论认为，这是胖东来在模仿商超巨头好市多（Costco），探索仓储式会员店模式。[1]

　　当然，这些尝试都不是孤立的，更不是拍脑袋突然想出来的。好的卖场创新会

---

1. 环球网，《胖东来超市布局"批发集市"业务，探索仓储式会员店模式》，责编张嘉玉，2022-06-07。

被保留下来，快速推广到各个门店，像连卷袋湿手器，介绍商品的跳跳卡[1]，给特殊顾客应急使用的"爱心糖果"等，这些都已经是各个门店的标配了。与此相反，批发集市在2022年短暂出现后就没有再继续，也没有大规模推广。

因此，抛开胖东来对卖场的时间延伸和空间延伸不说，单单就卖场本身而言，胖东来也在不断尝试，快速迭代，精益求精。从胖东来商业模式的底层逻辑上来看，商品销售还是胖东来主要利润的来源，这个基本盘胖东来并没有丢。2023年，胖东来13家门店销售业绩为107亿元，相较于2022年的70亿元，增长了53%。这固然跟胖东来口碑快速提升有关，但扎实的卖场基础是胖东来业绩增长的根本保障。

胖东来的气场不一样

人货场理论中，"场"是总的聚合，卖场也好，场域也好、场景也好，都包含着构成场的各种元素。不过问题是，很多时候，人们不知道到底哪种元素是成功的关键因素。

举个例子，同一条街上的两家超市，地理位置相似，商品相近，价格也差不多，为什么一家生意特别好，一家生意却很惨淡呢？或者更具体一点，同样都是许昌的超市，为什么有的超市门可罗雀，而胖东来却被顾客挤得水泄不通呢？

关于这个问题，可能不同的人有不同的结论。单就卖场来看，胖东来相比其他超市的确有一些不一样的地方，是不是这些不一样就是胖东来成功的独门秘籍呢？

---

1. 放在货架上的一种纸质卡片，用于商品介绍或者情况说明，因为纸片和货架用一根塑料片连接，触碰后会轻微跳动，所以被称为"跳跳卡"。

第一点不一样，胖东来的卖场"不商业"。举个例子，许昌胖东来时代广场外有一块很大的LED显示屏，它所处的位置非常好，旁边就是许昌的一条主干道，离许昌火车站也不远，而且每天来时代广场购物、游学的人数以万计。在外人看来，这块LED显示屏非常有广告价值，随便播播广告，一年就能赚个几百万元。然而，奇怪的是，这块屏幕只是播放一些新闻节目，不但没有商业广告，连胖东来自己的广告也没有。另外，现在胖东来有那么大的客流量，随便在停车场、卖场内投放一些广告就能赚钱，但胖东来对这些机会都视而不见。

我们去一些卖场的时候，经常会听到广告或者卖场促销信息的广播，而胖东来的广播则显得特别没有存在感，只是偶尔播放一些轻音乐。有些卖场会有促销人员大声吆喝，推销商品或者邀请客户品尝，胖东来的卖场也没有这种情况，显得非常低调内敛。

第二点不一样，胖东来的卖场不像卖场，更像个学校，逛一趟胖东来，能学到很多商品的知识。例如针对新手妈妈的"宝宝辅食添加攻略"（见图3-2），标注每个阶段孩子应该吃什么，一目了然。如果顾客还有问题，可以找服务员咨询。在胖东来，熟悉商品知识是服务员的基本功，几乎每个人都是相关品类的专家。

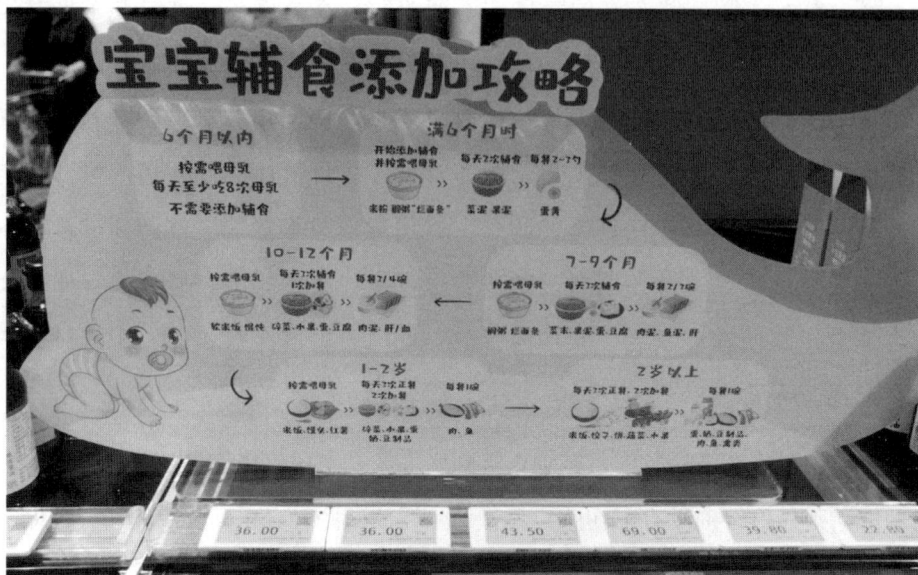

图3-2　胖东来宝宝辅食添加攻略　　（拍摄：刘杨）

　　胖东来有非常多这种专业知识的介绍。例如你去买衣服，胖东来会告诉你不同的衣服应该怎么洗涤；你去买西瓜，胖东来教你怎么从外观判断西瓜甜不甜；你去买牛肉，胖东来告诉你新鲜肉的鉴别方法；你去买羊排，胖东来告诉你烤羊排的配料和食谱；你去买辣椒酱，胖东来告诉你辣椒产地分布图；你去买眼霜，胖东来告诉你如何有效做到眼部保养。胖东来的卖场里有各种各样的图文物料，例如POP展板、跳跳卡、水晶立牌、图文喷绘等，这些物料并不直接推销商品，而是向你普及知识（见图3-3）。

图3-3 胖东来新鲜肉的鉴别方法 （拍摄：刘杨）

第三点不一样，胖东来卖场里规矩比较多，对顾客有诸多"限制"。很多人逛胖东来的时候都见过一块牌子，上面的内容是"关于不文明行为的公示"，胖东来明确指出如果有以下不文明行为，员工必须及时礼貌进行劝阻。员工因制止顾客不文明行为遭到投诉时，首先企业不接受投诉，其次如果员工受了委屈，企业还会给与500元委屈奖。胖东来明确的不文明行为有3种类型，一共有30条，举例如下：

公共素养

①在卖场吸烟、乱扔垃圾，随地吐痰、随处吐口香糖。

②在卖场光背赤脚、坐在地上。

③躺在休息凳上睡觉、脚踩在凳子上或坐在休息凳上把鞋脱掉。

④不按秩序排队。

⑤搭乘直行电梯时未做到先出后进。

卖场安全

①在卖场追逐打闹。

②倚、靠、攀、爬天井护栏。

③在凳子上、购物车上玩耍。

④直行电梯内蹦跳、拍打、阻挡电梯门。

⑤购物车、婴儿车不按规定乘坐手扶电梯，在手扶梯上面坐、玩耍、奔跑、逆行。

食品安全和资源浪费

①品尝非试吃商品，使用非试用商品。

②随意拆除商品包装进行挑选。

③直接用手接触没有包装的食品类商品（糕点、粮食、豆芽、鱼、虾、肉）等。

④玩耍、嬉戏鲜活商品。

⑤购买瓜果、蔬菜时掐根去叶。

总结来看，"不商业""能学到知识""规矩多"这3点塑造了胖东来的卖场区别于其他卖场的一种氛围。这种氛围可以用一个词概括，那就是"沉浸"。顾客可以沉浸在胖东来精心设计和打造的这个卖场中，沉浸式了解商品，沉浸式购物，沉浸式体验。顾客不会受到促销员的打搅，不会受到打折信息的打搅，也很难受到低素质顾客的打搅，相当于在这个卖场内，胖东来营造了一种特别的"气场"。

这种气场会吸引同频率的顾客。例如有些顾客不喜欢被各种广告信息、促销信息轰炸，就希望安安静静地买点东西，那么胖东来的这种气场就会吸引他。同样地，有些顾客不喜欢嘈杂、无序、混乱的卖场，不喜欢不懂规矩的孩子跑来跑去，大声喧哗，那么胖东来的气场也会吸引他。

也许有人会说，气场这个东西太抽象了，为什么胖东来有这种气场，其他商家就没有呢？其实，我们可以把气场理解成品牌身上的调性，这就像人的性格一样，每个人的性格不一样，待人处世的方式也不一样。同样的，胖东来的气场就是这个商超品牌的性格，以及它呈现出的性格魅力。

卖场VS能量场

如果你关注胖东来，你很容易在网络上发现网友对胖东来的评价，其中积极正面的居多。除了分享购物体验之外，很多人会分享自己在胖东来遇到的感人故事。

2024年6月22日，一位网友在小红书上分享了他最近的一次经历。当时他出差来到新乡，专门到新乡胖东来打卡，这时候单位突然要开会（远程会议）。可当时超市的人流量很大，他担心影响自己的会议，因此就打算去通信器材柜台买个蓝牙耳机。销售人员问他买耳机是自用还是送人，这位网友说只是临时用一下。销售人员告诉他，如果只是临时用就不用买了，她可以把自己的耳机借给这位网友使用。用这位网友自己的话说，"这卖东西还能这样？也不怕我拿走？""让我重拾了人与人之间的信任！""胖东来绝对值得我们不远千里来相聚"。

在他的帖子下面，一位网友留言说，自己每次带娃去都会有专门的工作人员在电梯上面帮忙拽一下购物车，别的超市才不会专门在上下电梯处派一个人专门拽购物车。另一位网友也分享了自己的故事，他们去胖东来采购运动会所需的服装，需要把各个尺码的衣服都拿一件回来试试大小，上千元的衣服，给了200元押金就拉走了，用这名网友的话说："这就是信任，我们就信赖于他。"还有一位网友说，自己在胖东来试衣服，孩子突然要上厕所，导购说，您就穿着衣服带孩子去吧，搞得她自己都不好意思了。"上完厕所回来我就结账了""暖人心的举动也会让人多年以后还念念不忘。"

类似的跟胖东来有关的正能量故事在网络上一抓一大把。提到胖东来的卖场，顾客说的不是商品，不是环境，不是价格，而是感动。可能也正是因为情感的力量非常容易穿透人心，因此往往在这一类帖子下面会有成百上千条留言，很多人或分享自己的故事，或表达自己的情绪。

有人直言，自己喜欢去胖东来就是因为胖东来能量场很足，正能量满满，本来自己心情不太好，逛完胖东来，感觉自己像被充了电似的。这种正能量到底是什么呢？可能是胖东来帮他解决了一个问题，可能是服务员对他的信任，可能是胖东来宁可自己吃亏也不愿意顾客受损，甚至可能只是一句温馨的话语，一种时时为顾客考虑的态度。

胖东来官网"胖东来故事手册（一）"中记录了很多胖东来服务员和顾客沟通的场景片段。例如在《喂奶》故事中，超市部常雅黎看到一位大哥抱着刚出生的小孩站在电梯口，小孩哇哇大哭，她走过去说："小孩饿了吧……让我帮你抱会儿吧，也许会好一点，我也是刚做妈妈的。"你看，就是这么简单一句话，可能会让当爸的瞬间眼眶湿润，倒不是说这个服务员做了什么了不起的事情，而是她在思考问题的时候，在出发点上就没有把你当成顾客，而是把你当成了亲人，当成了家人。

有人或许认为，这都是服务员自己的个人行为，跟企业有什么关系呢？再说了，这种好人好事都属于特例，怎么会形成整个卖场内的正能量呢？

上面的质疑涉及卖场氛围的实质。这种氛围到底是怎么出现的呢？是老板下命令安排的吗？多给员工发工资，员工就会变得善良吗？其实，归根到底，卖场的氛围也好，能量场也好，是企业、员工以及顾客之间达成的一种"共识"。什么意思呢？例如那个帮新手爸爸抱孩子的服务员，你觉得她这样做只是因为她品德高尚吗？如果她上班期间擅离岗位，帮别人抱孩子被企业罚了钱，她还敢这样做吗？付200元押金就能拿走1000元衣服，如果这件事企业不支持，涉事员工被企业处罚，她还敢这样做吗？再换个角度说，服务员帮别人抱孩子，万一别人不但不感激，还觉得服务员没有边界感怎么办？200元押金拿走1000元的衣服，万一这个顾客起了贪心把东西带走不还了怎么办？

因此，归根到底，有共鸣是因为有能量的传递。首先，员工认可企业的价值观，所以自然而然在卖场里有这样的做法，甚至很多做法没有考虑太多，就是下意识的动作。其次，企业支持员工这样的举动，不但不会惩罚员工，还会提出表扬，一旦服务员的善举被误解，企业会承担损失，还会给员工发"委屈奖"。最后，顾客认可胖东来的价值观，也接纳服务员的做法，并且愿意把这份能量传递出去，只有同时具备这3个要素，这种正能量才能实现。有些卖场别说传递正能量了，厕所里放个卫生纸都会被人偷光，有什么实惠的东西，大家互相推搡，互不相让，这种卖场氛围，很难说有什么正能量。

那么话说回来，为什么胖东来的卖场能有正能量呢？主要有3个方面的原因：第一，让卖场回归本质，卖有价值的商品，让顾客专注购物，不煽动情绪，不制造热点；第二，让员工回归本质，员工通过服务顾客创造价值，而不是单靠实现销售额创造价值；第三，让企业文化回归本质，文化约束人性中的恶，弘扬人性中的善，这是写入胖东来文化价值观的东西。

看起来非常简单的3句话，胖东来也是花了30年才真正搞清楚，与其说胖东来卖场做得好，不如说它对卖场的理解远超国内其他同行。认知决定高度，从卖场到气场再到能量场，胖东来对"场"的理解和经营已经从物理层面上升到了精神和情感层面，而这也是它能够在国内零售界处于领先地位的一个法宝。

胖东来启示录3：实体店未来的出路在哪

每天早上9：30，胖东来天使城店都会准时开门。大门打开的一瞬间，很多在门口排队的顾客便会一拥而入。尤其是节假日，排队的人更多，人们会满怀期待地等待着开门的那一刻，期待着沉浸式体验，也期待着跟胖东来发生美丽的邂逅。

为什么人们会有这种期待？有2点原因。第一，胖东来天使城的设施是非常棒的，购物环境好，整体氛围也非常好。光亮的地板，温馨的灯光，整齐摆放的商品，服务人员细致耐心，顾客文明有礼貌，互相礼让，这一切都让人觉得舒服。第二，胖东来的商品和服务都让人放心，在这里，你不但能买到称心的商品，可能还会意外收获一些故事和感动。

现在有一种很普遍的论调，即"实体必亡"。很多人认为，实体店铺投入大，成本高，风险高，未来是没有出路的，消亡只是早晚的问题，而胖东来的实践却证明，不是实体必亡，而是找不到方法的实体必亡。

只把卖场当卖场，你就输了

一般我们把销售商品的场所叫卖场，如百货商场、超市、服装店、手机零售店、家具建材商店等。卖场这个词来源于日语的"壳场"，包括百货卖场和专业卖场，前者包括商场、超市等，后者包括手机卖场、家具卖场、运动用品卖场等。

在谈论卖场的时候，人们一般会关注卖场的4个要素：①品项组合；②促销活动；③环境和陈列；④客情管理（客户关系管理）。看得出来，这4个要素都是围绕着商品销售，其核心就是如何让顾客购买商品，如何让商家赚取利润。

因此，传统的卖场经营有着非常明确的目的性和导向性，一切的设计运营，都围绕着销售额，利润率这些指标。举个例子，我们逛商场的时候经常会遇到一种情况，上行的电梯是正常的，但下行的电梯经常被关闭。为什么下楼的电梯总是坏呢？原因很简单，用电梯把你送上楼，是为了让你多看看商品，至于你离开的时候有没有电梯坐，商家并不是很在意。

还有一种情况，如果商场是扶手滚梯，你坐电梯从1楼上到2楼，到了楼梯口的时候，你发现如果想从2楼去3楼，要绕一个大圈才有上行的滚梯，也就是说，如果你要从1楼上到最高层，你需要把每一层都逛遍才行。这相当于强制让顾客逛商场，商家关注的是你有没有看完我所有的商品，至于顾客走路累不累，想不想逛，这都不是商家最先考虑的。

说白了，过去很多卖场都是商家导向的。作为商家，我想让顾客干什么，我想怎么安排，我的目的是什么，主语都是"我"，"我"是中心，顾客只是我的卖场中的一个要素而已。过去顾客没得选，商家提供什么顾客就接受什么。例如逛商场，很多商场下行电梯都是"坏的"，顾客就习惯了。很多卖场都充斥着嘈杂的叫卖声，顾客也习惯了。大家对这样的卖场习以为常，认为卖场就应该是这样的。

然而，很快，这种"习以为常"就被打破了。网络购物的出现，让人们发现，如果单单是购买商品，根本没必要逛商场，电脑上可以买，手机上可以买，发个短信、打个电话商品就能送到家。另外，网上什么东西都能买到，能买书，买蔬菜，买电器，线下卖场能买到的，线上商城都能买到。

也就是从这个时候开始，实体店感受到了寒意。很多商场突然变得冷清了，甚至清仓打折、全场大甩卖这种百试百灵的策略也没有效果了，因为线上商城同样可以打折，而且玩法更多。线上购物还可以包邮，可以无理由退换货，可以一键比价，可以免费试用，在这些强大的攻势下，线下卖场变得非常弱势，很多卖场生意惨淡，只能苦苦支撑。

与此同时，线下卖场也开始分化。有些卖场开始探索新的经营模式，如让卖场承载"教育功能"，普及商品知识；优化卖场环境，为顾客创造沉浸式体验；改善客情关系，从销售导向变成服务导向；重塑卖场氛围，让顾客感受到人情味；打造卖场文化，让顾客收获故事和感动。这一系列动作让一些创新的卖场脱颖而出，如河南的胖东来，河北的信誉楼等。

纵观这些能够"杀出重围"的线下卖场，可能所处的地区不同，规模不同，经营策略不同，但从根本上来说，都实现了一个彻底的转变——那就是从商家导向型卖场向顾客导向型卖场过渡。什么叫顾客导向型卖场？其实就是问问顾客想要什么？顾客期待什么？怎么能让顾客真正满意？一切以顾客需求为出发点，而不是以商家意愿为出发点。

这意味着什么呢？这意味着你不能再把卖场当"卖场"，前一个卖场指的是物理上的卖场，后一个卖场指的是卖场的功能。如果卖场还只是卖货的场所，那神仙也救不活线下卖场，因为它的确会受到来自各方面的竞争和冲击，它的劣势一览无遗、根本不用"开战"就已经输了。

反过来，如果卖场是"教育场"，是"休闲场"，是场景化的"剧场"，是"游乐场"，是"故事场"，那么情况就不一样了，顾客来到卖场不完全是购物，顺便还能让自己得到放松，开阔眼界，获得知识和信息，得到情绪价值，那么他就愿意来，这是网络购物替代不了的。交互、体验、人情、烟火气、沉浸式体验，这恰恰是线下卖场的优势之所在。

从卖场到实体店，情况是一样的

其实，形形色色的实体店和商超卖场面临着一样的问题。一方面是大环境的变化，如电子商务的冲击，共享经济模式的冲击，生活服务平台的冲击。另一方面是行业内部的分化，有些实体店调整自己以适应环境，这让那些墨守成规的店铺更有压力。

举个例子，河南许昌的一家街头小吃店，门脸不大，价格适中，顾客主要来自周边社区，生意虽然不能说好，但也算过得去。现在电子商务来了，一些冷冻食品、预制菜可以冷链配送到家，顾客发现，买这些东西回来自己加热，品质好、价格低，关键卫生更有保证，于是就懒得出门去小吃店了。

紧接着外卖平台来了，过去小区居民只能就近在这家小吃店吃饭，现在有了外卖平台，想吃什么都可以直送到家，而且平台还能领优惠券，能用积分，顾客就更没有动力去街头小吃店了。然后团购了，社区电商来了，直播购物来了，这些又再次分流了一部分顾客。

最后，胖东来来了，按说胖东来和小吃店八竿子打不着，完全不构成竞争关系，但是胖东来有熟食和预制菜，还有各种热腾腾的主食，像馒头、烙饼、面条什么的，品质有保证，价格还便宜。顾客去超市购物，顺便把吃的也买了。此外，胖东来还有美食城，各种街头小吃一应尽全，美食城的食品安全比街边小店更有保障，任何问题胖东来都会给你解决。质量方面一旦出现纰漏，不但全额退款，还有高额赔偿。你说在这种情况下，如果不改变，这个小吃店靠什么生存？

因此，更准确的说法不是"实体店必亡"，而是"实体店已经开始了淘汰赛"。那些安于现状、不了解环境变化、没有竞争优势的实体店必亡。这是一个不可阻挡的大趋势。这些实体店涉及各个行业，如餐饮、美容、KTV、洗车、线下培训班、电影院、二手回收、汽车4S店、健身中心、加油站等。商超卖场曾经或者正在经历的淘汰和变革，这些实体店都会经历，只是时间早晚的问题。

先不要说实体店会不会灭亡，先问问实体店有没有想明白自己的对手到底是谁，自己的劣势在哪，优势在哪，以及如何塑造核心竞争力。

怎么办？这些实体店面如何生存，如何脱颖而出？其实方法和路径跟商超卖场是一样的，胖东来的案例同样可以供实体店借鉴参考。

首先，在整体原则上，改变过去以商家为中心的模式，树立以顾客为中心的理念。分析顾客根本的需求，重塑自己的店面。例如开商场的，如果顾客不喜欢走楼梯，那就把下行电梯打开，让顾客舒舒服服地逛商场，轻松愉悦地购物；开小吃店的，如果顾客担心食品卫生问题，就把原材料进行公示，米从哪里买的，油从哪里进的，后厨是怎么样的，食物储存间是什么样的，操作过程是否卫生，让顾客都看清楚。

其次，在店面规划上，结合可能出现的各种场景，从里到外进行调整。外是指环境，如店面是否整洁，设施是否完善，店面走道是否宽敞，室内空气质量是否达标等；内是指流程和体验，如顾客停车是否方便，上楼有没有电梯，腿脚不便的人怎么接待，小朋友怎么接待，结账是否方便，有没有打包和外送服务，退换货是否方便，投诉谁来处理，顾客不满意有没有补偿措施等。

再次，在店面管理上，一方面，加强员工培训，提升员工的专业度。员工不只服务顾客，还要成为相关业务的专家，能快速解决顾客的问题。另一方面，要打造店面文化，提升顾客对店面服务的感知。唯唯诺诺不是好服务，好的服务应该能够被感知到，而且能被记住，在这一点上，胖东来的做法也很值得借鉴，要让企业的价值观通过员工这个"中间人"，传递给顾客。

最后，也是最重要的一点，那就是如何塑造店面自己的核心竞争力。有些实体店老板去胖东来学习，回来就照搬胖东来的做法，以为可以模仿胖东来的核心竞争力，这是没有用的。每家实体店所处行业不同，背景不同，核心竞争力肯定也不一样。例如某美容院研究后发现，他们最大的优势是客情管理，店铺的顾客虽然不多，但每一个都有比较深的联系，于是他们开始深耕现有顾客，通过顾客老带新扩大业务规模，很快就取得了好的成果。

实体店未来的出路

做实体店的人很多都遇到过这样尴尬的情况：顾客"线下体验，线上购买"，自己的店变成了体验店，但销售却和自己无关，相当于自己为别人做了嫁衣裳。例如顾客在线下书店看书，记住书名，然后去电商网站下单购买；顾客在线下品尝某种新产品，再去线上下单购买。

遇到这种情况该怎么办呢？你不可能不让顾客体验，也不可能跟踪他到底在哪购买。很多人因此再次得出结论，说"实体店必亡"。

其实仔细想想，这个问题也不难解决，为什么顾客会"线下体验，线上购买"，说到底还是价格差异比较大。以图书为例，一本定价78元的书，书店按标价卖，最多打个9折，折后70.2元，而同样的书，网上按5折卖，折后39元，中间相差了31.2元。消费者当然愿意在网上买。

不过，书店老板不会认可这个算法，因为网上卖书"没有成本"，而书店需要付房租，需要给员工发工资，有各种经营性支出，还有各种经营损耗，就是按9折卖也不赚钱。

先不说成本怎么计算，这种思考方法就有问题，书店有成本就需要顾客分担吗？这又是一种以商家为中心的思考角度。用这种角度思考问题，顾客和商家一定是对立的，商家多赚钱顾客就吃亏，顾客占便宜商家就亏损。这也是目前实体店经营面对的最大问题，那就是顾客和商家属于"争利"关系。

要解决这个问题，还是要回到"场"的本源。卖书虽不容易赚钱，但卖书的这个"场"是有价值的。大家愿意走进来，就证明这个"场"对顾客是有吸引力的。那么能不能把书店当作场景，靠这个场景中的其他产品赚钱？如靠卖咖啡赚钱，靠卖文具、游戏周边产品、文创产品赚钱？

另外，如果收入渠道变得多元，成本就不会全部分摊到书上，那么有没有可能降低书的售价，如过去是9折卖书，现在能不能6折，甚至跟网上一样，也是5折卖书。这样的话，顾客在线下书店这个场景里，就可以经历选书、看书、购书的全过程。

想想看，其实胖东来也面临"线下体验，线上购买"这个问题，但为什么顾客不会只逛胖东来，却在京东商城下单呢？第一，胖东来缩小了实体店和网店的价格差异。有些商品胖东来甚至比网上的价格还要便宜。第二，胖东来优化了品项（商品）组合，全国性品牌只是胖东来商品类别中的一个部分，并不是全部，像胖东来熟食、预制菜，生鲜商品等，商品差异性比较大，顾客没法比价。而像胖东来自有品牌商品，线上线下的购买价格是一样的。第三，即使商品一样，胖东来还能提供额外的附加服务，如详细的商品介绍，无微不至的售后服务等，相比于线上渠道，顾客反而更愿意在店面购买。

线下的生意，说到底还是"场"的问题，你的店面能不能满足顾客的需求，你营造的场景能不能击中顾客的痛点，这才是问题的关键。至于经营成本高，各种开支大，受到线上渠道的冲击，这些充其量是借口而不是原因。说白了，网上销售并不是没有成本，网店虽然不需要租店面，但需要购买流量，一家网店每年用于流量的费用甚至超过实体店的租金费用。网店还面临各种退货风险，现在有的网店退货率能达到60%，这是一笔巨大的经营成本。除此之外，还有平台的抽成，各种广告费，工具使用费，算下来，经营网店并不比经营实体店轻松。如果实体店真的能把"场"打造好，顾客为什么要舍近求远去线上呢？

大部分实体店都肩负销售的使命，因此也可以认为是"卖场"。如果当成卖场来看，你的东西好不好，你有没有进行卖场模式的探索就非常重要。例如刚才提到的书店，如果卖书不行，你有没有试过其他的卖场经营模式，除了刚才提到的多元化经营，有些书店还把自己变成了活动空间，定期举办活动，这又是对书店这个场的经营模式探索。

好的卖场只是实体店经营革新的第一步。接下来，你要考虑店铺的气场是什么，气场就像一个人的性格，店面也需要性格。气场就是你区别于网络店铺和其他同类线下实体店最重要的特征。例如，两家饭店，一家店内播放着吵闹的音乐，老板和员工整天嘻嘻哈哈，跟顾客称兄道弟；另外一家环境清幽，老板和员工也都很儒雅，待人接物也比较随和。这两家店其实就有不同的气场。可以想象，它们吸引的也是不同类型的顾客群。

是不是吵吵闹闹的气场就是不好，安安静静的气场就是好？这要根据行业和店面的实际情况来判断，一家实体店的气场跟很多因素有关，包括品牌调性、目标顾客特征、所属地区、创始人性格等，最后这种气场能不能被顾客接受，也需要实践的检验，有些气场可能过去能被接受，现在却被顾客"抛弃"了，那就需要抓紧进行调整。

最后是能量场，很多实体店其实并没有考虑到这一点，尤其是一些线下连锁店、加盟店，因为过于强调标准化，反而忽略了"场"里头的能量，说白了，就是没有人情味。好的能量场是线下店出奇制胜的有力武器。

举个例子，一条街上有3家理发店，有一家生意特别好，为什么呢？就因为经营这家店的夫妇非常和善，平时总喜欢跟顾客聊天，一来二去，店主和顾客都成了朋友，顾客有什么事也会找店主帮忙，如收个快递、看个孩子什么的。逢年过节，顾客还会送东西给老板夫妇。无意中，这个店就营造了一种特别的氛围，顾客来到这就觉得舒服自然，那可想而知，它的生意自然也就比较好。

总结一下，把视野从胖东来的经验扩展到整个实体店领域的未来，我们会得出一个结论：只要方法得当，线下实体店依然可以做得风生水起。实体店的运营涉及方方面面，但追根溯源，实体店的根本是"场"，怎么理解场的含义，怎么做好场的实体店经营是成败的关键。

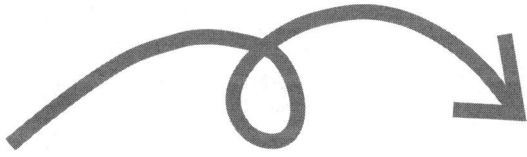

第二部分

企业内部管理

引子

　　假设你是安徽合肥一家连锁超市企业的老板，你参观学习完胖东来后，特别有感触，准备立刻大刀阔斧地对自己的企业进行改革。你打算召集各个门店的店长及高管开会，一来，给大家打打气，让大家坚定信心，胖东来能做好，自巴的企业也不会差，二来，把工作布置下去，从今天开始，企业的面貌一定要焕然一新。可是改革工作千头万绪，要从哪里开始呢？你坐在办公桌前，陷入了沉思。

首先，还是要从员工入手。胖东来干得好就是因为员工给力，包括基层员工和管理层，都知道自己要干什么，以及怎么能把工作干好。为什么于东来能这么潇洒地放手，还不是因为员工素质高，所以改革就应该先从员工的培训抓起。

其次，要重视企业制度的建设。这次参观学习给你留下最深印象的是胖东来的各种制度，没想到一家本土企业居然有这么完备的制度，简直是教科书级别的。要安排人把胖东来这些制度打印出来，人手一份，先学习再模仿，并最终建立自己的制度规范。

最后，要开始搞文化建设。过去你的企业也有文化手册，可手册上的东西都很难落地，员工也没有共鸣。这次去胖东来参观学习，你发现它做的《胖东来故事手册》非常好，员工自己写故事，通俗易懂，而且有真情实感，非常便于传播，要先把这个学起来。另外，关于企业的愿景和价值观，这个你以前没考虑过，研究过胖东来的文化后才发现，原来这个方面这么厉害，要赶紧把这个做出来。

过去管理企业有3个基本点，即"人、财、物"，要经营好一家企业，就要管好人、管好钱、管好货品和物品。现在看来，这个模式有点过时了。一家现代企业通常拥有3种重要资源，分别是人才、制度和文化，其中人才是关键要素、制度是运转保障、文化是内在动力，这正好对应着企业内部的人、货、场管理。

“

第 4 章

员工
——让员工成为企业的主人

　　不管是涨工资、发放员工委屈奖、提前下班，还是给员工更多的尊重，都是站在员工立场，设身处地地满足员工需求，提升员工幸福感。在工作要求上，胖东来以完善的培训体系和严格的岗位标准为核心，把像一张白纸的普通人变成厉害的"胖东来人"。在价值导向上，胖东来把员工个体意识觉醒的个人价值观和推动美好社会的企业价值观合二为一。这一套组合拳下来，员工满意度高，企业利润有保证，社会也更和谐，可谓是多赢的结果。

胖东来的员工，为什么看起来不太一样

李晓华做梦也没有想到自己会来许昌找工作，而且是传统的零售行业。

2020年6月，李晓华毕业于浙江工商大学，学的是工商管理专业。毕业后，她成了杭州一家电商企业的管培生，2年之后升到了部门主管。2020年后，电商领域的竞争日益激烈，行业从业者每天加班加点不说，各大平台的政策也说变就变，让人很没有安全感。更重要的是，工作这几年，有一个问题始终困扰着李晓华：工作的意义到底是什么？为什么这份工作让自己越来越不快乐？

一个偶然的机会，李晓华在手机上刷到了胖东来的内容，这家企业居然设立了"员工委屈奖"。员工在工作中受了委屈，企业将给予补偿，这实在让人难以置信。李晓华在网上搜索了跟胖东来员工相关的内容，她发现了更"神奇"的内容——有的柜台顾客太多，员工就提前下班；花儿自力元装修员工休息室，里面有按摩椅、图书室等；员工每年有30天的带薪年假，最近还新增了10天"不开心假"，员工不开心或者不想上班就可以请假……

除了这些，胖东来的工资也很有竞争力。李晓华在网上看到，说胖东来一个普通保洁员就能拿到6000多元的工资，高管能拿到百万年薪。这是什么概念，在杭州这样的城市，保洁员的工资是5000多元，电商算热门行业，电商公司经理的年薪也不一定能到百万元。

说实话，李晓华心动了，她想去看看胖东来到底是个什么"神仙企业"。毕竟工作过几年，有了一些社会经验，因此她想先去胖东来的超市转一圈，看看员工的精神面貌，有些东西她没法验证真伪，例如到底员工能拿多少钱，别人也不可能告诉她，但是人的状态是不会说谎的。在电商企业工作的时候，她对这一点就特别有感触。当时，办公室的员工个个脸色蜡黄，无精打采，你很难说这样的员工有什么满意度可言。

于是李晓华请了假，坐上了杭州到许昌的火车。因为她第一次来河南，所以看到什么都觉得新鲜，不过随着列车距离许昌越来越近，她的焦虑感也逐渐增强。电商再不好也是热门行业，自己这样的大学生去干零售，去超市卖货，真的是明智的选择吗？

胖东来的高门槛

151∶1的通过率

2024年3月24日，中国蓝新闻转发了一条视频"985毕业生应聘胖东来面试都没进""胖东来招聘151∶1堪比公务员招录"让胖东来再次被送到了舆论的风口浪尖。一位985院校毕业的本科生自称，自己应聘胖东来连面试的机会都没得到。这位女生今年25岁，是食品科学与工程专业的本科，有3年食品零售行业的工作经验。另外，她应聘的还是和专业比较对口的中央厨房生产操作（工艺研究方向）岗位，本来以为工作十拿九稳，没想到被淘汰了。

其实，如果对这次招聘的火爆程度有所了解，就不会对这个结果感到意外。这次招聘，胖东来一共开放了6个岗位，分别是生产操作（食品生产方向，150人）、生产操作（工艺研究方向，50人）、软件工程（2人）、设备管理（2人）、品质管理（3人）、检验检测（2人），总计招聘人数为209人。据胖东来披露的数字，这次招聘实际收到了31593份应聘者简历，录取比例为

151：1。

151：1，这个数据真的颠覆了很多人的认知。过去，大家总是把在商场或者超市工作的人叫作"站柜台的"，这个听起来不太友好的称呼显示了人们对这个职业的态度，然而，胖东来却把这样的工作变成了香饽饽。

胖东来到底需要什么样的人才

那么到底什么样的人才能满足胖东来的招聘要求呢？除了专业和能力要求，胖东来也非常注重考察应聘者的综合素质及其对胖东来文化的认同度。在2024年3月的招聘上，很多人都忽略了招聘岗位前的一段介绍和3点说明。

一段介绍说的是发展目标，它是这样说的：

胖东来的发展目标是努力把企业打造成一个集先进的文化理念、体制、国际化的技术标准和管理品质于一体的优秀样板，为社会提供和分享一种健康、公平、真诚的经营模式和科学的运营体系，传播先进的文化理念和生活理念，启迪和带动更多企业走向健康、品质、轻松、幸福的企业状态和生命状态，引领和推动社会向更加美好的方向进步！

简单概括一下，这段话讲了2层意思。第1层：胖东来先要让自己成为一个优秀样板，什么样的样板呢？不是赚多少钱也不是规模有多大，而是有先进的理念和体制，有国际化的技术标准和管理品质的样板。第2层：胖东的价值是什么呢？首先是提供一种经营模式和运营体系，这种体系可以供同行模仿和参考，这种模式和体系的特点是健康的、公平的、真诚的；其次是传播先进的文化理念和生活理念，启迪更多企业和社会变得更加美好。

千万别认为上面这些都是可有可无的空话，企业发展的方向决定了企业究竟需要什么样的人才。胖东来想要成为"样板"，那么所有的标准一定是高规格的，是不惜代价也要找到行业内最优秀或者最有培养潜力的人的；胖东来想要传播模式和理念，那么员工的心态一定不能只是来这镀金，来这赚大钱的，应该有长期主义的心态和利他之心。

3点说明：第1点是致应聘者；第2点是招聘目的；第3点是招聘基础标准。

致应聘者非常简短，只有一句话，"根据许昌市胖东来超市所需专业岗位，现公开招聘热爱并愿意践行和传播胖东来文化理念，希望成就专业价值和自我价值、有梦想的同行者209名"。简单解读一下，胖东来其实招的不是"员工"而是"同行者"，也就是说，你到这里来不只是个打工人，你需要认同并传播胖东来理念，你需要成就自我，也需要有梦想和追求。

招聘目的有3点：第一，弥补胖东来专业岗位的欠缺，辅助胖东来完善和提升技术，实现一流的现代企业品质（在能力和品质上进行提升）；第二，实现优秀的专业技术与先进文化理念、体制的匹配，更好地为社会提供和分享健康、科学的运营体系（打造样板）；第三，培养和成就专业储备人才，促进企业进步（员工和企业都变得更美好）。

招聘的基础标准有4条：第一，认可胖东来文化；第二，有真诚、善良、乐观、阳光的个人品质；第三，性格开朗，亲和力强，沟通能力强；第四，热爱生活，有良好的生活习惯和行为习惯。

了解了以上这些内容，再来看胖东来的招聘，你就能理解，胖东来不只是招聘专业人才这么简单，它招募的是一起成长的伙伴，是一起完成事业的战友，也是未来能一起传播先进理念和模式的教员。

胖东来是一所学校

应聘者如果能通过层层筛选进入胖东来，他首先会接受胖东来的培训。

跟很多企业只重视专业技能培训不同，胖东来非常重视文化和价值观的引导，在胖东来官网上，有一份资料叫《文化理念培训大纲》，里面详细说明了文化理念培训的四大目标：

①引导每个胖东来人养成智慧与富有创造性的思维习惯；

②懂得净心专注地做自己喜欢的事，学习和感悟生活与生命的道理；

③懂得创造和享受时光的美好；

④用科学理性的方法改变奴性，培养健全的人格，成就阳光个性的生命。

也就是说，一个人进到胖东来，不是埋头干活就行了，他首先要想明白为什么干，怎么干，以及自己工作的价值在哪里。

一个人到底为了什么工作？很多人说为了赚钱，为了养活自己，为了实现自我价值，为了家人的幸福……这些答案都没错，但胖东来告诉你，要在工作中培养健全的人格，成就自己阳光个性的生命，要懂得创造和享受美好，要养成智慧和富有创造性的思维习惯，要净心专注做喜欢的事，在工作中实现价值。这既是胖东来对员工的要求，也是胖东来给员工最大的财富馈赠。

2022年2月13日，胖东来商贸集团微信公众号发布《胖东来金汇店招聘通知》，在这份招聘通知里，胖东来这样描述这份工作带给员工的回报：

进入胖东来，你会有以下的受益：①自由·爱的文化理念的启示；②先进的生活理念和阳光、轻松、科学、有效的生活方法；③科学、理性、阳光的思维方式；④感受真诚、真实、公平、民主的成长环境；⑤养成品质的生活习惯，成就个性的生命品质和健康、健全的人格。

谈到对员工的期待，于东来在一次讲话中表示：

胖东来希望培养的人是带光的人，像传道士一样，接好这个力，去跟我们的后代传递更多的这种幸福。[1]

为什么胖东来特别强调员工价值观的改变和认知的提升？说到底，胖东来需要的不是一群听话、努力、不辞劳苦的员工，而是一批真正觉醒的、了解个人价值的，并愿意把个人目标和企业目标统一在一起的员工。

> 胖东来把自己定位于"一所学校"。对外，它传递先进的管理理念和经营模式，是供同行和其他行业从业者学习的学校；对内，它鼓励员工思考个人价值和人生目标，是带动员工觉醒的一所学校。

全方位满足员工的需求

让人羡慕的待遇

很多人羡慕胖东来的员工，因为胖东来员工的待遇实在太好了。

先说工资，这是大家最关注的问题。2023年年底，胖东来有1万多名员工，其中大部分是基层员工，例如理货员、卖场营业员、收银员等。谈到员工收入问

---

1. 胖东来官网"东来分享"，《【东来哥会议记录分享】让生命开始觉醒，做一个有思想的人》，2023-11-29。

题，于东来在一次讲话中说：

> 截止到上个月，我们的员工收入基本上在7000元以上了，平均最低的可能6500元，高的就像天使城的员工，上个月工资都拿了8400元了，而且这还不是最好的部门，最好的部门比这个还高。[1]

胖东来的所在地许昌、新乡，在河南算二线城市，在全国可能要算三、四线城市，消费水平不高，人均收入也不高。以许昌为例，当地平均工资也就是3000~3500元。比较基础的岗位，如保安、保洁员这种，一般也就2500~3000元的工资；稍微高阶一点的，如销售主管、客服经理等也就4000~4500元的工资。对比起来，胖东来员工在当地真的算是高收入人群了。

至于管理层的工资，胖东来更是让很多人羡慕不已：

> 就像胖东来管理1000平方米的店长，一年的收入是60万元，管理3000平方米的店长，收入将近100万元。相关的一个高管收入是100万~200万元，高层的收入是一年200万元，含工资是260万元。[2]

> 中层管理层配的都是奔驰，高管都配了300多万元的车。[3]

可能有人会说，这么好的工资福利，肯定工作强度大啊，说不定是没日没夜地干。关于这一点，于东来是这样说的：

> 现在胖东来上班时间是每天7个小时，要按8个小时工作制来算，其实我们的上班时间已经实现每周双休了。双休是104天，我们有年休假30天到40天，再加上春节5天闭店休息，我们的休假基本上就在140天了。我们的管理层现在是双休，双休这样的结果是什么概念呢？再加上140天，胖东来的管理层已经实现190天的休假了。[4]

1、3、4. 胖东来官网"东来分享"，《【东来哥会议记录分享】让生命开始觉醒，做一个有思想的人》，2023-11-29。

2. 胖东来官网"东来讲堂"，《【东来哥与联商学员实地指导六】大石桥真实惠调整会议记录（二）》，2022-08-12。

说到休假，胖东来的安排也很有意思。很多企业采用轮休的方法，一部分员工休息，另一部分员工上班，营业不受影响，而胖东来是直接闭店。胖东来部分门店每周二闭店，周二这一天，全员休息。于东来在《关于周二闭店休息的公开信》一文中是这样解释周二闭店的：

我们所做的目的是让商业环境有更好的发展与提升，为了唤醒追逐功利不停忙碌的人们，停下来歇歇，给生命和思想补充营养。只有心灵的健康，我们的生命才会释放出无穷的智慧和无限的创造力。会分享当下，享受生活，明天才会更有动力，更加阳光。[1]

除了周二闭店，胖东来还有春节放假的福利，春节放假不是放一天假，不是提早下班，也不是调休，而是从腊月三十放到正月初四，整整五天。大家都知道，春节是商场和超市生意最好的时候，胖东来却选择在这个时候放假，让员工跟家人团聚，这无疑是牺牲了企业利益以保证员工利益。2024年胖东来春节放假通知如图4-1所示。

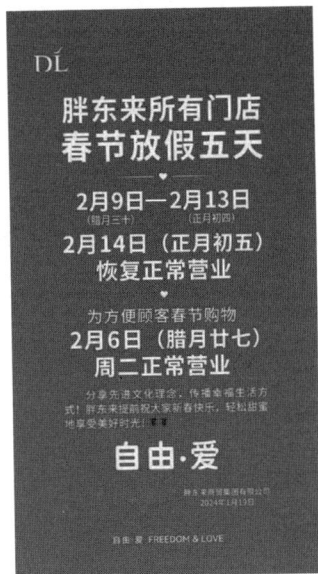

图4-1 2024年胖东来春节放假通知

---

1. 胖东来官网"心向阳光"于东来，2020-12-14，221 页。

善待员工从来不是一句空话

美国心理学家亚伯拉罕·马斯洛提出了"需求层次理论"，他认为人的需求有5个层次，分别是生理需求、安全需求、爱与归属的需求、尊重需求、自我实现的需求。在马斯洛看来，人们不断努力就是为了满足更高层次的需求。

提到善待员工，很多人就只会想到高工资，其实胖东来对员工需求的满足是全方位的。从最底层的生理需求到最高层的自我实现需求，胖东来都考虑到了。

第一，满足生理需求。一个人最基本的生理需求是吃饱饭，有地方住。早在1995年于东来刚开始做生意时，他就给员工开出了高工资：

那时候当地的工资是300元左右，我们的员工最低就是1000元，管吃管住，都在店里面……第二年我们就涨工资，涨到1200元……第三年涨到1400元。[1]

第二，工资还跟一个人的安全感有关联。于东来在一次讲话中谈到了给员工涨薪的逻辑：

提升薪资，让员工愿意干，往轻松快乐、净心专注的方向发展……所有的体现都是为了让员工相对开心，能得到尊重，而不是被利用。[2]

换句话说，高工资的出发点并不是什么功利的目的，就是希望员工能够安心工作。较高的工资让员工更有安全感。没有后顾之忧，大家可以把全部心思都放在工作上。

想想看，如果一个人的月薪只有3000元，每个月要面对车贷、房贷、孩子上学、老人看病这些开销，他怎么可能能轻松地面对工作？也许他在这边上着班，脑子里想的却是怎么赚外快，或者怎么跳槽到一家能赚更多钱的企业。

---

1. 胖东来官网"走在信仰的路上"，于东来，2021，39页。
2. 胖东来官网"东来讲堂"，《步步高第一次调改会议记录》，2024-04-02。

当然，钱也不是唯一的标准，高工资给员工带来安全感，但更主要的是企业要让员工看到希望。

流失率高是团队看不到未来，感受不到尊重，感受不到希望，没了希望，魂和心就不在了。所以要留住他的心，不是非要给他发多少钱，而是根据企业的经营能力，只要体现出真诚就行，挣得少慢慢来……将来再挣钱了，挣的90%都给大家分，这样大家就会有希望，也会改变。[1]

第三，胖东来在企业内部营造了家庭式氛围。员工和企业之间不是雇佣与被雇佣的关系，更像是一家人，大家互相理解、互相支持。2023年3月26日，胖东来给员工发"委屈奖"的新闻登上网络热搜，"胖东来员工按照正常工作流程受到委屈的，公司补贴500~5000元"。想想看，员工在乎的只是这些补贴吗？不，员工更在乎的是家人般的理解，这种理解让人有强烈的归属感。

第四，胖东来让员工感受到尊重。现在很多企业奉行"顾客至上"的理念，一旦服务人员和顾客有冲突，领导肯定会拿自己人开刀，不管是非对错，服务人员都必须第一时间给顾客赔不是，希望息事宁人。然而在胖东来，企业是尊重员工的。胖东来有一份"关于不文明行为的公示"，这份公示明确指出如果有以下不文明行为，包括公共素养、卖场安全、食品安全和资源浪费等，员工应及时礼貌进行劝阻。如果因制止顾客不文明行为遭到投诉，企业将不接受投诉；如果员工受了委屈，企业将给予其委屈奖。

第五，胖东来会考虑如何满足员工的自我实现需求。可能有人会说，商场超市的服务员就是普通的打工人，靠辛苦赚钱，很少需要实现自我价值。但是胖东来并不这么看，在企业文化里，它特别强调要改变奴性，实现个性，活出自由、自我、阳光、美丽、充满爱的生命。

---

1. 胖东来官网"东来讲堂"，《【东来哥会议记录分享】生命的觉醒》，2023-10-16。

这是什么意思呢？首先，每个人都能够在自己的岗位上发光，成为耀眼的明星。在胖东来，一个基层员工的创新可能会被整个企业看到，并有可能成为样板在全国推广，这不就是价值最好的体现？其次，胖东来强调个人目标和企业目标的统一，每一个基层员工用心的工作都是在向社会传递真、善、美，都是在实现美好企业、美好社会的愿景。

我们经常能看到胖东来的服务员有发自内心的满足感和喜悦感，这不只是因为高工资，更因为他们有目标感、有使命感，能够达成自我实现需求。

从培养、赋能到共创，胖东来真的懂员工

培养"胖东来人"

在河南零售圈，有这么一种说法：胖东来离职的员工，大家都抢着要；胖东来离职的高管，换了别的地方照样能拿百万元年薪。倒不是说这些人有什么光环加持，而是胖东来在工作的经历切切实实让他们成长了，让他们从一个普通人变成了行业精英。

现在，胖东来的一些专业岗位和管理岗位会要求应聘者具有本科学历，以及若干年的工作经验。其实，在过去很长一段时间里，胖东来很少这样招人，它只招聘最基层的服务员，要求也比较低，一般就是年满18周岁，高中毕业就行。胖东来很多专业人才和高管都是由内部培养提拔起来的。

胖东来有一套自己的培养体系，可大致分为4个层面：入职培训、岗位实操培训、各项制度培训、文化价值观培训。

其实，在新员工入职之前，"培训"就已经开始了。胖东来在招聘通知中有明确要求，希望应聘者了解胖东来的文化理念，去哪里了解呢？招聘通知上提供了学习渠道：关注微信公众号"胖东来商贸集团"，点击"走进胖东来"，通过"企业文化指导标准""东来讲堂""文化广场""东来影视"进行学习。

入职后的培训则更加具体，胖东来官网公开的资料显示，新员工培训包括《培训指导手册》《新员工培训-印象PDL》《新员工培训-企业文化历程》《新员工培训-顾客沟通》《新员工培训-健康生活心态》《新员工培训-日常管理制度》《员工思维及语言使用规范》《文化理念手册》《胖东来公司员工各项拿权标准和流程》等。不同时期，胖东来培训的内容略有不同，以上文件名出自2022-2023年间，胖东来官网公开的培训资料，内容格式有WORD文档，也有PPT和图片。

值得注意的是，胖东来非常重视对员工生活、心态方面的培训。2023年，于东来在一次讲话中强调："今年开始，胖东来就进入生活阶段的要求了，包括爱情、家庭、婚姻、居家、健康各个方面都纳入公司的培训和考核，要让每个人都具备健全的人格。"[1]

给员工赋能

除了入职培训，对实际工作帮助最大的是岗位实操培训。整个胖东来商贸集团有横竖两层结构：横向结构是各个门店、职能部门、物流中心、中央厨房等，这是公司的组织结构；纵向结构是各个岗位并列存在于各个门店、部门中，如保

---

1. 胖东来官网"东来讲堂"，《【东来哥与联商学员实地指导七】山东佳和调整会议记录（一）》，
2023-02-07。

洁这个岗位，天使城有保洁员，时代广场有保洁员，物流中心也有保洁员。分属不同部门的同一岗位虽然工作要领相似，但岗位职责会有所差异，例如门店里的保洁员除了做好卫生，还要回答顾客问题、引导顾客等，但是物流中心的保洁员就没有这类要求。

胖东来在岗位实操培训上非常用心，基本上所有资料都是体系化的。以超市部保洁岗位为例，胖东来有188页的《超市部保洁岗位实操标准》，这份实操标准有3个作用，一是工作指南，在这个岗位的员工要按照实操标准的要求进行工作，如清洁剂如何调配、使用何种清洁方法、应如何操作各种机器等；二是考核标准，考核清洁工作是不是做到位，不是看地上有没有纸屑，窗户擦得干不干净，而是对照实操标准逐条考核。超市部保洁工作标准有5项，分别是卫生清洁标准、交接班标准、仓库管理标准、同材质处理标准、设备设置标准。也就是说，这些方面都需要进行考核。三是培训方法，一个新员工上岗后，完全可以按照实操标准进行学习，对照标准逐条规范自己的行为。这种结合实战的培训既简单又高效。

另外，这些实操标准也在不断迭代和进步，这样可保证员工的工作与时俱进。例如2022年9月11日胖东来商贸集团微信公众号"百科"中有个《新乡总服务台客梯实操标准》文件，该文件标题下有个"历史版本"的选项，从历史版本中可以看到，单单2022年这个文件就更新了13个版本，每个版本都有提交时间、提交人、版本号、修改原因。

在2022年9月11日这个版本中，有疫情应急预案，包括疫情期间主管职责、疫情期间员工进场的消毒、体温测量标准、疫情期间员工在岗期间工作标准、疫情期间设备设施消毒标准、疫情期间工作中个人防护、疫情期间在家人员个人防护、疫情期间设备设施开放情况、消毒剂使用标准及注意事项。可以说，这个实操标准对在岗人员非常有指导意义。

最后是各项制度培训和文化价值观培训。相比于其他民营企业，胖东来非常有特色的就是各项管理制度。胖东来内部的运转是靠各种制度支撑的，除了企业整体的管理制度，甚至各门店也有自己的管理制度，如《许昌市胖东来商贸集团有限公司各项管理制度》《许昌市胖东来超市有限公司各项管理制度》《禹州胖东来超市有限公司各项管理制度》等。对于各项工作和流程，胖东来也有非常完善的制度，如《胖东来公司员工各项安全标准和流程》《许昌胖东来商贸集团施工手册》《时代百货各级别工资政策》《时代百货各级别能力考评奖励方案，具体执行落实细则》《时代百货专业知识考核方案》等。这些制度都是公开透明的，员工可以自己学习，也可以利用班组会的时间进行培训。

文化价值观的培训对很多公司来说都是一个难点：一方面，文化的东西不好讲，很容易流于形式，老板拼命提倡某种文化，员工却丝毫没有共鸣；另一方面，文化和价值观不容易落实，即便员工接受了某种文化价值观，也不知道怎么跟自己的工作结合。

胖东来在文化价值观方面的培训方法非常值得借鉴。

第一，有系统的培训文本，如《员工手册》《文化理念手册》；

第二，有通俗易懂的员工故事集和创始人自述文集，企业通过相关的故事和案例培训其他员工，如"胖东来故事手册（一）""胖东来故事手册（二）""新乡故事手册–致敬逆行者""爱的路上释放温暖和力量"等；

第三，有考评方法，员工绩效和文化理念直接关联，如《时代百货文化理念考评奖励方案》《胖东来电玩部文化理念考评奖励方案》《胖东来后勤部企业文化理念考评奖励方案》等。

通过以上这4类培训，一方面极大地提高了员工的专业度，另一方面也让员工快速融入企业整体经营的大环境，在自我实现的基础上，全面协同，从而实现企业的目标和愿景。在这个过程中，员工变得强大，也更有团队精神。

可以这么说，胖东来的员工，单个拎出来能独当一面，是各个岗位的专家；合并在一起是一支能打硬仗的队伍，所有被赋能的"胖东来人"一起创造了胖东来经营的奇迹。

从打工人到创造者

胖东来愿意把企业的利润分给员工，这就使很多人产生了一种误解，觉得胖东来是吃大锅饭，只要进了胖东来，就等于捧上了金饭碗，不管怎么样都会有不错的收入，然而，事实并非如此：

胖东来发工资是围绕着公平来发的，不是盲目地发，一定是你创造了这个价值，才能得到这个回报。你没有创造这个价值，企业要帮助员工去实现这个价值。[1]

什么叫创造价值

其实包括3个方面：一是干好本职工作，创造岗位的价值；二是开拓创新，创造附加的价值；三是沉淀方法，创造企业整体和长久的价值。

干好本职工作这个很好理解，每个岗位都有自己的岗位要求，坚守岗位做好自己的本职工作，这本身就有价值。胖东来提倡"净心"的工作态度，这是个非常有意思的表述，因为我们常用的是"静心"而不是"净心"。胖东来是这样描述净心状态的：

慢慢地做喜欢的事，也不需要什么豪言壮语，就让自己沉浸在这种净心、用

---

1. 胖东来官网"东来讲堂"，《【东来哥会议记录分享】联商学员第一课——因真诚相遇，因理念同行》，2022-05-11。

心的感觉中。有自己的责任心、有自己的标准，再一起去把企业的标准慢慢地建立和提升。[1]

任何工作都有自己不可替代的价值。现在很多人做着某个岗位的工作，心里想的却是怎么能离开这个岗位，怎么升职加薪之类的。胖东来强调净心，是希望每个岗位都可以做到世界顶级水平。2024年6月，于东来在接受采访时表示，胖东来的保洁员未来也能拿到30万~50万元的年薪。[2]消息一出，立即引发了网络热议。其实，并不是说胖东来每个保洁员都能拿到30万~50万元的年薪，这只是代表着胖东来的一种价值导向，每个岗位的员工净心去做都能产出价值，根本不用这山望着那山高。

什么叫净心工作

说白了就是员工能沉下心来工作，创造岗位的价值。

在胖东来生活广场，有个在卫生间做保洁的大姐干了十几年，哥（于东来）说给她换个岗位，她说不换，就愿意在这个岗位干。一个在卫生间干保洁的干了十几年，在一般的场所会觉得没有面子，但是在胖东来，卫生间的保洁就找到了意义，她将这个卫生间打扫得自己都感觉到舒服，自己都感觉到美。[3]

开拓创新就是在完成的基础上，把工作做得更好，创造超越这个岗位要求之外的价值。还以保洁为例，胖东来期望保洁能达到什么水平呢？

即便是做保洁，也能把保洁做得像艺术一样，都是他的作品。有的作品是有形的，能看到，就像雕刻一样，像一个艺术品；有的作品是无形的，就像保洁一样，只能看到短暂的，但是过程就是一个作品。[4]

---

1. 胖东来官网"东来讲堂"，《【东来哥与联商学员实地指导二】上饶嘉百乐管理层会议（四）》，2022-07-04。

2. 中国网财经，《于东来称胖东来保洁员未来年薪也能达到30万元》，2024-06-05。

3. 胖东来官网"东来讲堂"，《【东来哥与联商学员实地指导八】满家欢调整会议记录（三）》，2023-02-06。

4. 胖东来官网"东来讲堂"，《【东来哥会议记录分享】走在健康与喜欢的路上》，2023-10-17。

过去我们描述员工时经常会提到一句话，叫**"在平凡的岗位上做出不平凡的贡献"**，现在这句话在胖东来依然是适用的。什么叫不平凡的贡献？那就是除了把工作做精做细，还要知道如何力所能及地服务客户，如何践行企业的理念和价值观，如何助力企业愿景的实现。这些听起来都很"虚"，但胖东来将它们都落实到了员工的工作中，从而释放了巨大的力量。

胖东来新乡百货的赵新平记录了一个普通保洁员的故事。有一天，她看见保洁员王锡芳扶着一位老大娘上洗手间，进了洗手间还帮她把裤子脱掉，等她方便完之后，帮她擦屁股，然后帮她穿好裤子，再把她扶出来。赵新平觉得这肯定是王锡芳的母亲或者家里的亲戚。但王锡芳说，这只是一个普通的顾客，因为年纪大了，行动不方便，所以她每次来，只要王锡芳看见都会帮她。她还跟老人说，让她把自己当成亲女儿。[1]

相信很多人看到这里，都会觉得不可思议。一个保洁员，企业不可能在岗位实操标准里要求她帮老人上厕所、提裤子，她只是出于本能的善意伸出了援手。然而，从企业的角度来说，企业愿意把这些故事记录下来，在全体员工中进行传播，也说明企业支持并认可这种做法。因为传递爱心，服务好每一位顾客正是企业价值观所在。王锡芳的举动看起来不起眼，但仔细想想看，能结合当下情况创造性地开展工作，这不就是创新吗？这不就是平凡岗位的不平凡贡献吗？

这样的例子在胖东来非常多，一个王锡芳没什么，但如果胖东来每个人都能达到这样的标准——不但能做好本职工作，还能创新突破，创造额外的价值，这家企业的战斗力该有多强。

最后是沉淀方法，创造整体和长久的价值。如果员工只是随机表现，那这个企业也没什么了不起，因为每个单位都有这样的优秀员工和可以称道的优质服

---

1. 胖东来官网"胖东来故事手册（一）"，《平凡创造感动》，新乡百货赵新平。

务。胖东来的厉害之处就在于，它的员工还能把一些有用的方法沉淀下来，变成企业的知识向全部门普及，甚至一代代传下去。

胖东来超市部生鲜区闫顺峥记载了这样一个故事。有一天，有位顾客来买鲫鱼，小闫帮她挑了5条鲫鱼，因为鲫鱼是活的，按当时的处理办法，需要把鲫鱼在地上摔晕之后再处理。等小闫把鲫鱼摔晕之后，顾客说鲫鱼她不要了，她让小闫重新帮她挑5条。这次顾客叮嘱小闫，鱼不要摔了，直接让杀鱼间的师傅处理。

闫顺峥照着顾客的意见做了，不过他利用师傅杀鱼的空当询问顾客为什么之前的5条鱼不要了。阿姨说自己全家都在医院上班，对卫生的要求比较严格，她认为鱼摔在地上，鱼有伤口，而地上有细菌，这会有卫生和安全的隐患。

顾客走了之后，闫顺峥把这件事报告给了主管，经过讨论，大家认为阿姨的意见很有道理，应该在活鱼区增加一个敲鱼台，每次顾客买了活鱼之后，放到敲鱼台上把鱼敲晕，而不是直接在地上摔。"（开会之后的）当天下午，桌子（敲鱼台）就到位了，而且主管比我们想得更周到，还配了一个敲鱼锤。"[1]

按说这件事到这里应该就结束了，不！这个故事还有后续。胖东来的管理层觉得敲鱼台这个想法很好，于是，敲鱼台就从闫顺峥所在的门店复制到胖东来所有的门店。现在胖东来每个门店的活鱼区，都有一个敲鱼台，而把鱼敲晕之后再处理的办法也已经写入了胖东来的实操标准里。

《胖东来超市部鱼课实操标准》[2]如下：

①根据顾客需求为顾客挑选大小适中的新鲜活鱼；

②在打捞过程中提醒顾客尽量远离鱼缸，避免捞鱼时溅射到顾客身上水渍；

---

1. 胖东来官网"爱的路上释放温暖的力量"，《五条鲫鱼的故事》，超市部闫顺峥。
2. 胖东来官网"百科"，《胖东来超市部鱼课实操标准》，2022-08-26更新。

③选定好商品后，询问顾客是否需要宰杀或加工；

④经过顾客同意后，将活鱼摆放在敲鱼台上，使用敲鱼锤将活鱼敲晕，然后装袋交于顾客。敲鱼时，力量不可过大，容易造成鱼体损伤。若顾客不需要宰杀，提醒顾客到称台处称重，减少顾客等待时间；

⑤服务顾客结束后，第一时间清理周边水渍和卫生。

胖东来敲鱼台和敲鱼锤具体可参考图4-2。

图4-2　胖东来的敲鱼台和敲鱼锤　（拍摄：刘杨）

从上面这个故事中可以看到，胖东来员工并不只是被动工作的打工人。在工作中，他们不断创新，而创新又被胖东来采纳，变成方法和设施固化下来。最后，这些创新成为企业内部知识体系的一部分，带给企业整体、持久的价值。

实操创新在胖东来各种创新中只占非常小的比例，在各种流程、制度、管理规范上，胖东来的员工也跟企业一起"共同创造"。我们看到的胖东来超过几千万字的管理细则、运营方法，并不是老板或者管理层拍脑袋想出来的，更不是请专家或者咨询公司设计出来的，这里头大部分内容都来源于公司和员工的共创，而这种共创也是推动胖东来不断进步的根本动力。

胖东来启示录4：好员工并非与生俱来

谈到人员管理，很多企业奉行的是传统的人力资源管理办法，用4个字概括，叫作"选、用、育、留"。选是招聘、选拔，找到合适的员工；用是定岗、任用，把人才安排到合适的岗位；育是培育、培养，让员工在知识和能力上得到提升；留是挽留，通过有竞争力的薪酬福利、企业文化、职业发展前景等留住员工。

胖东来对人员的管理也是"选、用、育、留"，但是它扩展了每个字的含义。

选人看本质

很多企业在选人的时候，都会权衡应聘者的能力和态度。比较普遍的做法是，按照能力和态度的组合把人分成了4个类别，分别是能力强态度好，能力强但态度不佳；能力不行态度好，能力不行态度也不好，企业会针对每个类别采取不同的任用、培育办法。

胖东来也看重能力和态度。不过，除了应聘者应符合岗位要求，胖东来还要求他们符合企业价值观，跟企业有共同追求。

胖东来甚至会把品质和价值观放在能力前面。例如有些应聘者能力很好，但并不打算在胖东来长久发展，只是为了在胖东来学点东西"镀个金"，这种人就不是胖东来首选的对象。在招聘要求上，胖东来反复强调的一句话就是"热爱并愿意践行和传播胖东来文化理念"。

有人可能会觉得，这点区别没什么大不了的！然而，这点区别所产生的影响却是巨大的。首先，一个人的态度是随着环境的变化而改变的，如果一家企业工作环境差、工资低，老板经常对下属发脾气，这样的情况下员工的态度肯定会变差，这是人性使然。反过来，一个企业工作环境好、工资高，员工受尊重，这样的情况下员工的态度也会变好。环境是企业创造的，如果企业在这方面失职，反而要求员工逆来顺受，这是反人性的，也是不合理的。其次，一个人的能力也跟环境有关，如果一个企业没有培训、没有赋能，只是驱使员工干活，员工能力再强能做出的成绩也有限。反过来，如果一个企业重视培训，有完善的知识体系和文化系统，那么一个普通员工也能变得更有能力。说到底，一个员工的能力如何，也不完全跟个人素质有关，跟企业营造的环境也有关系。这意味着，能力和态度都是可变的，企业要创造环境激发出员工的能力，滋养员工的态度，而不是先按能力和态度把人分成三六九等。

那么与之对应的，什么是不容易随环境改变而改变的呢？这就是底层的品质和价值观。胖东来的口号是"爱在胖东来"，提倡向员工传递爱，向顾客传递爱，向全社会传递爱。其实，爱也是一种追求，是深层次的价值观，一个对自己、对他人、对社会充满怨气的人，是不可能传递爱的。这样的人即使在工作中能力强、态度好，也不是胖东来需要的员工。

谈到用人的标准，于东来在一次讲话中说：

品格要求是第一，能力再强，品格不行也不要。品格好，能力也好，这样的人不好找，需要培养。不需要培养非常优秀的人，健康的普通人就行。做了正常的事情，企业制度完善了，保洁员一样能当总经理。[1]

也就是说，在人才的选拔上，胖东来选的是人的本质而不是表象。胖东来相信自己有系统的培养方案，有强大的企业文化，可以给员工赋能，让员工变得更好。这也就是为什么很多人在胖东来工作过几年后，能力变强了，态度变好了，心态也更阳光了。因为这份工作不是"利用"了他，而是成全了他，提升了他。

育用结合，对口培养

很多企业对员工培训有一种很纠结的态度，不培训，员工能力跟不上；培训，员工最后不一定留下来，相当于自己白花了钱。因此，很多企业把培训当作给予员工的一项福利，跟工资和绩效一起，作为留住员工的一种手段。

胖东来在培训员工上则采取了完全不同的态度。员工入职有入职培训，各个岗位有各个岗位的培训；除此之外，班组内部有培训，企业有全员培训。在内网系统里，企业各项资料都是公开的，与工作有关的内部权限也都是开放的，员工可以自由地学习。

胖东来还进一步将用人和培育相结合。不同岗位对应不同的培训计划和考核要求。在胖东来日常行为制度中，有专门的培训管理制度[2]，举例如下。

培训管理制度

①窃取、泄露、转借培训考核试题等作弊行为（视为严重违纪，解除当事员工的劳动合同）；

②未及时通知人员参加面试、培训、会议、竞聘（扣50分）；

---

1. 胖东来官网"东来讲堂"，《【东来哥会议记录分享】生命的觉醒》，2023-10-16。
2. 胖东来官网，《胖东来日常行为制度——培训管理制度》，2023-05-11 更新（自 2023 年 5 月 20 日实施）。

③未按照培训、考核计划执行（扣50分）；

④监考主管对考场纪律要求不严（扣50分）；

⑤未按照《招聘培训指导书》各项标准流程执行（扣50分）。

胖东来重视内部的培育，一个重要的证据就是，胖东来的管理层很多都是由内部员工升上去的。

能力不行慢慢学习，不要认为胖东来的管理能力多强，都是从农村出来的，在胖东来干了很多年。胖东来的流失率比较低，一般走到管理层的员工10年以下的都很少，走到高层的一般都是20多年的员工，对企业文化有很深的理解。[1]

当然，这种培养并不是说把人送到商学院去学习，或者请外面的专家来讲课，更多的是结合岗位的实践。在胖东来，这种培养称为"对口培养"。

如果现在胖东来超市招人，很多报名的人可能是一本以上的学历，但是我们也用不了一本以上学历的人。做个超市招专科学历的人就行，因为专业将来要对口培养。[2]

基层岗位如此，管理层也是如此。

怎么培养呢？我们现在是轮值，高管要轮着当企业的老总，每个部门的经营、人事、工资、费用都是公开的，都得知道。什么都知道了，事情不就好做了，而且花钱他们能做主。坐到这个位置上，能感觉自己是个老板，只要在企业允许的范围之内想干什么都可以干。要能实现这个，那就太好了！目前因为企业的报表数字慢慢都透明了，培养人才也会变得更容易。[3]

---

1. 胖东来官网"东来讲堂"，《【东来哥会议记录分享】生命的觉醒》，2023-10-16。
2. 胖东来官网"东来讲堂"，《【东来哥会议记录分享】与黄商集团管理团队分享——释放人性的光芒、走上美好之路》，2024-06-09。
3. 胖东来官网"东来讲堂"，《【东来哥会议记录分享】生命的觉醒》，2023-10-16。

另外，如果某岗位的员工表现不如预期，胖东来不是直接降职减薪，而是增加培训，希望员工通过"再培训"达到岗位的要求。

每年有两次员工评议，无记名投票，满意度低于80%的，基本上是待培训的，3个月培训后再重新投票，还不行就下来了。[1]

独特的留人方法

企业都愿意留住人才，但事实上，很多企业没有留人的办法，人才流失非常严重。于东来在辅导同行企业的时候发现了一个现象：

现在我接触的大部分同行企业，每年流失率基本上在100%左右，这是非常不健康的，不健康就会累，整天招人。流失率控制在15%以内才是健康的，最低也要控制在20%以内。[2]

怎么留人呢？人力资源部门常用的办法包括：制度留人（企业有完善的体制，而不是老板一个人说了算）、事业留人（员工有上升的空间）、企业文化留人（让员工有归属感）和情感留人（员工之间有感情，员工和团队有感情，不舍得走）等。

然而，胖东来觉得这些都没有触及留人的本质、人才为什么会流失？最直接的原因就是待遇问题，待遇问题不解决，员工还是不愿意留下来。于东来曾帮助一家同行企业南阳万德隆做调改，他发现这家企业的主要问题就是员工流失率高，每年的员工流失率基本上是在100%~120%，这意味着如果有5000个员工，那么每个月的流失人数是400~500人。

---

1. 胖东来官网"东来讲堂"，《【东来哥会议记录分享】2023 年联商网超市周》，2023-03-14。
2. 胖东来官网"东来讲堂"，《【东来哥会议记录分享】2022 联商网大会——做快乐的企业家，分享智慧创造美好》，2022-08-06。

于东来用的办法也非常简单，那就是立即涨工资。

我说这样的企业，将来还谈什么长久发展，人都留不住，不要谈企业的将来。那时候就帮他们进行整改，整改以后，员工的工资从600元就直接涨到了1200元，管理层的工资从3500元涨到了7000元，原来管理10000多平方米门店的店长原来可能拿5000元，整改后，涨到了12000元。[1]

同样地，在帮助云南润兴万家调改的时候，于东来也是通过涨工资留人。

目标是人均收入达到4500元以上，最低4000元，最高5000元。如果员工能达到平均4500元的收入，员工流失率会大大下降，忠诚度会提高，效率会提升。[2]

涨工资的效果立竿见影，快速控制了人员流失率。安徽绿篮子在接受胖东来辅导后通过涨工资大大降低了员工流失率。

以前我们一年的员工流失率大概在90%。100个员工，一年内有90个流失。很多企业可能不知道，回去算一下，其实基本上都是这个水平，员工一年就基本上走完，员工的技术和专业没有沉淀，都是一些新员工，能有什么技术？调改之后，现在员工的流失率在15%左右……员工稳定下来之后，有几年沉淀，大多数员工的技术能力都会增长，工资高了，能力也会随之提高，工作的价值变得完全不一样。我们以前算的就是这个账，舍不得加，但是一调，变化真得很明显。[3]

此外，想要留住人，还需要设身处地地考虑员工的感受。于东来在帮助一家同行企业的时候举过一个例子，按他的估算，这家企业的员工流失率应该比较

1. 胖东来官网"东来讲堂"，《【东来哥会记录分享】联商学员第四课——调整企业的步骤和方法，做一个优秀的企业》，2022-05-24。
2. 胖东来官网"东来讲堂"，《【东来哥与联商学员实地指导九】云南润兴万家调整会议记录》，2023-02-20。
3. 胖东来官网"东来讲堂"，《【东来哥会议记录分享】联商学员分享实录》，2023-10-17。

低，最多不会超过15%，但事实上，这家企业的人员流失率是30%。为什么呢？因为这家企业要求员工不分场合、不分情况地一直说"欢迎光临"，员工会感觉很不舒服。于东来表示：

> 你们的"欢迎光临"就把员工赶走了，员工心里不舒服，感觉像工具，虽然工资高一点，心情不好，所以你们现在30%的人员流失是不正常的。[1]

解决了员工的待遇问题，以及员工需要被尊重的问题，还需要靠更深层次的、有强凝聚力的文化留住员工。胖东来提倡"培养健全的人格，成就阳光个性的生命"，这也是胖东来能留住人才的重要原因。

总结一下，胖东来在选人、用人、育人、留人上有什么值得借鉴的地方？最根本的就是回归人才的本质。首先，什么叫人才，不是学历高、经历丰富才叫人才，而是有良好潜质的可塑之才叫人才。其次，怎么用人？不是利用人的能力为企业出力，而是充分考虑企业发展和个人发展的契合点，企业成就人才，人才也成就企业。怎么育人呢？胖东来有完善的培训体系，还有"对口育人"的方法，让员工在工作中历练，也相信他们能在工作中成长。最后，怎么留人呢？回到员工需求的本质，不来虚的，员工需要好的待遇，需要被尊重，需要有归属感、认同感，需要自我实现。企业要想方设法地为员工提供这些东西，真正满足他们的需求，这样员工才愿意留下来，才能把工作做好。

反观我们很多企业，在用人上会有一种投机心态，总希望能花最少的钱找到能为企业带来最大效益的员工。在员工培养方面，企业并不是

---

1. 胖东来官网"东来讲堂"，《【东来哥与联商学员实地指导十】成都邻你生活调整前会议记录（一）》，2023-02-24。

为了员工好才安排培训，而是希望员工接受培训后能使企业赚到更多的钱。在留住人才方面，企业也并不是希望跟人才共同发展，而是觉得人才创造的价值超过了企业发给他的薪水，所以才努力挽留他。

企业用这样的心态对待员工，员工也会以同样的心态回馈企业。最终的结果就是双方互相算计、互相利用。很多员工在领导面前唯唯诺诺，转过头就说企业坏话；很多企业说尊重人才，转过头就想着怎么削减员工福利、压缩成本，这说明员工和企业之间的目标并不一致，双方是矛盾和对立的关系。

胖东来在员工关系管理上，不管是涨工资、发放员工委屈奖、提前下班，还是给员工更多的尊重，都是站在员工立场，设身处地地满足员工需求，提升员工幸福感。在工作要求上，胖东来以完善的培训体系和严格的岗位标准为核心，把像一张白纸的普通人变成厉害的"胖东来人"。在价值导向上，胖东来把员工个体意识觉醒的个人价值观和推动美好社会的企业价值观合二为一。这一套组合拳下来，员工满意度高，企业利润有保证，社会也更和谐，可谓是多赢的结果。

也难怪有人说，胖东来不只是良心企业，它也给全世界的老板做了一个榜样。

第 **5** 章

制度
——员工在胖东来得到的价值

员工在胖东来工作，一方面能拿比较高的薪水，有更好的待遇；另一方面，通过这些制度的约束，自己的工作能力得到了提升，自己也从工作中得到了"价值"。如果对比顾客购物的过程，员工工作的时候其实也是在企业"购物"，他获得的"商品价值"就是通过企业制度获得的成长。

"

这么多游学团，到底去胖东来学什么

刘碧云是上海一家培训公司的合伙人，最近总有顾客咨询他们能不能做与胖东来相关的培训。刘碧云之前对胖东来不太了解，她只知道这家企业在网上口碑很好，服务周到，员工工资高。她也在手机上刷到一些短视频，看到很多人报名当地的游学团，去胖东来参观学习。说实话，刘碧云对这些是很怀疑的。一是，这家企业到底有没有网上传说的那么神？二是，如果胖东来真的厉害，怎么可能大家通过旅游就学会胖东来了呢？

有一次，刘碧云去北京出差，她在高铁站等车的时候看到一本名叫《觉醒胖东来》的书，就随手翻了翻。作者在这本书里面提到，胖东来有8万多页的标准化文件和完善的知识管理系统。刘碧云看了这一点之后大为震撼，自己给那么多企业做过培训，别说国内的民营企业，就是国际化大企业，内部管理制度能达到这个水平的也是少数。如果这些都是真的，那么胖东来的确"很有料"。

在火车上，刘碧云就通过各种关系联系到了这本书的作者。经过求证，她发现这些资料来自胖东来的官方网站，货真价实，而且都是免费公开的。不过，一个新的疑惑又出现了，既然资料都是免费的，自己拿回去学习就好，为什么还需要花钱参加培训呢？

忙完北京的事情，刘碧云直接跟作者见了一面，她开门见山地提出了这个问题。作者把自己整理的胖东来的各种管理文档给刘碧云看了一下，里面包括各种实操标准、管理办法、员工考评和奖励、员工培训资料、企业文化相关资料，以及领导人讲话和各种内部会议记录等，大约有几千万字。这些资料真是让刘碧云大开眼界，在她看来，这些资料非常系统，完全可以作为模板供其他企业借鉴。

在看的过程中，她心里的疑团也慢慢解开了，这些资料太庞杂，普通人不可能把这几千万字的内容全部读完，更别提总结出什么指导方法了。而提炼、总结资料恰恰是她们培训公司的强项，也难怪客户会找上门来。其实客户就是希望，在纷繁复杂的资料中，有人能理出来纲要——胖东来的制度到底包括几个部分，资料之间有什么内在联系？胖东来到底是如何建立并执行这些制度的？在执行过程中有什么注意事项？如果要模仿胖东来建立现代企业管理制度，这么多制度中，哪些要优先做，哪些要外包给外部公司做，哪些需要员工参与共创？

想明白这些，刘碧云的大脑开始活跃起来，她已经开始在脑子里搭建培训的框架了——谁来讲卖场管理制度，谁来讲人力资源管理，谁来讲制度建设和知识管理。她也在构思一些课程，例如针对基层的标准化作业流程（SOP）培训，针对中层的执行力培训、管理效能培训；针对高层的企业文化建设培训、管理流程优化培训，等等。

当然，让她感到兴奋的还是这座巨型的"知识宝库"，胖东来到底还有哪些不为人知的好东西？这些制度背后的逻辑又是什么？对国内的民营企业来说，如何学习胖东来建立完善的制度……

从管人的制度到员工获得的价值

提到管理制度，大家都不会陌生，一个企业要有规矩才能正常运转，例如规定几点钟上班、几点钟下班，迟到了有什么惩罚，节假日值班如何安排，加班工资如何计算，等等，这就是企业的管理制度，属于基本的人事管理制度。

再例如，针对企业的财务工作，财务支出要谁来签字，谁来复核；收到现金怎么处理，谁负责把现金存入企业账户，多久去银行存一次，等等。这也是管理制度，属于基本的财务管理制度。

管理制度是企业发展到一定阶段的产物，这么说有两个层面的含义。

第一，管理制度跟企业规模相关，越大的企业越需要管理制度。想想看，如果是一个人创业，这时候是不需要制度的，老板自己要求自己，自己想明白就去干，自己就是"制度"。如果是一个老板加一个雇员，也不太需要制度，每天老板交代员工怎么干就好，老板就是"制度"。如果企业的员工多起来，例如有30~50名员工，老板没法逐个交代员工了，也不可能每天盯着员工干得好不好，这时候就需要制度来管理。至于几百甚至上千名员工的企业，就更需要完善的管理制度。

第二，管理制度跟企业发展的层次有关，越正规的企业越需要管理制度。在有的民营企业中，什么事都是老板说了算，遇到问题，大家看的是老板的眼色，就是有制度，大家也不遵守。这时候，管理制度基本上是一纸空文。当然，随着企业越来越规范，很多老板开始意识到，凡事自己说了算并不是一个好的选择。一方面，什么事都得亲力亲为，搞得自己很疲惫；另一方面，人总有犯糊涂的时候，每件事都靠老板的判断力，其实很容易出错。因此，人们才会说，靠制度管理的企业意味着企业向正规化、现代化方向迈进了一大步。

制度从"管人"开始

大部分企业的管理制度都是"管人"的制度，即告诉员工什么能干、什么不能干，这种制度约束了员工的行为，所以也叫"规范性制度"。举个例子，很多企业都有资料保密制度，员工不得透露企业的统计资料、数据、客户信息等，违者会受到处罚。这就是典型的规范性制度，企业"管"了员工，员工不能干这件事。

从管人这个角度出发，结合企业的各项职能，就衍生出了很多相应的制度，例如，企业的人事制度、财务制度、安全制度、后勤保障制度、法律制度、运营制度、营销制度，等等。

然而，正因为这些制度是"管人"的，容易让人觉得不舒服。有的企业的员工轻易就违规且被惩罚。例如有的企业规定，员工上班时间不能接打私人电话，违者罚款100元。很多员工会觉得这个制度不合理，太不近人情。再如，有的企业规定，员工手机必须24小时开机，手机消息要实时回复，违者警告或者罚款，很多员工也会觉得这样的制度太苛刻、不合理。

显然，这就涉及管理制度界限的问题了。管理员工是可以的，但应仅限于8小时工作时间内，或者仅限于工作场景下。有的企业要求员工必须穿正装皮鞋，如银行柜面员工、保险业务员、房产销售等，这个要求是合理的；但如果这名员工是企业后勤人员，或者是中台、后台岗位人员，如出纳、保洁、程序开发、数据维护等，这个要求就显得不合理，也没有必要。

从更深层意义来说，企业的管理制度其实不是老板"定的"，不是老板规定员工一定要买账，制度其实是企业和员工达成的一种共识。遵守制度可以把工作做得更好，获得更大回报，这样的制度员工就愿意遵守。反过来，如果员工和制度是对立的，员工觉得这种制度纯粹就是出于老板的喜好，对于工作来说毫无价值，这时员工从内心就会抵触这种制度，或者阳奉阴违。

理解了这一点，也就能理解胖东来制度的第一个优势，那就是员工和企业有共识。因为制度能提高员工的工作效率和工作水平，所以胖东来的制度是员工愿意遵守的制度。

举个例子，在《许昌市胖东来商贸集团有限公司各项管理制度》中，关于服务违纪制度，一共有26条规定，举例如下：

①为顾客服务时不主动、不热情、态度冷漠、语气生硬，对顾客的问题不回答、不解释；

②在顾客询问时，员工未及时放下手中的工作上前接待顾客，为顾客提供帮助；

③未做到接一问二照顾三，未及时向顾客致歉；

④在服务过程中，如需暂时离开时，未礼貌告知顾客；

⑤顾客购物出现意外破损时，未礼貌告知顾客"没关系"，未立即为顾客送上同样的商品，便于顾客购买；

⑥在询问和了解顾客的需求后，未认真向顾客讲解商品知识、各项功能、食用常识、使用方法、洗涤、保养、存放、退换货标准等注意事项。

上面这些规定也都是规范性制度，因为按胖东来的制度，违反上述条款，"一年内第一次违反对当事员工降学习期一个月，第二次违反任一条款视为严重违纪，对当事员工解除劳动合同，促销调离胖东来所有门店"。可以看得出来，胖东来对于不能遵守制度的员工的惩罚还是比较严厉的。然而，这些制度的要求并不会引起员工的反感。一方面，它的边界感很强，这些制度全都聚焦在工作场景中，没有涉及员工人身自由、个人生活等方面的约束；另一方面，它完全着眼于工作细节的提升，员工按照这些要求去做，可以极大地提高服务水平。

以第6条为例，虽然看起来，这是对员工接待行为的约束，但实际上，如果员工按照规定的方法去做，一方面会促进销售，提升业绩，另一方面也可以减少退货和后续的争议。员工了解并学习了这个制度，养成了好的工作习惯，后续不但不会觉得是约束，反而会提升自己的工作能力。即便有一天，这位员工离开了胖东来，在胖东来养成的这些习惯也会一直伴随着他，会成为其后续职业发展的加分项。

换句话说，员工在胖东来工作，一方面能拿比较高的薪水，有更好的待遇；另一方面，通过这些制度的约束，自己的工作能力得到了提升，自己也从工作中得到了"价值"。如果对比顾客购物的过程，员工工作的时候其实也是在企业"购物"，他获得的"商品价值"就是通过企业制度获得的成长。

也许有人会说，被管理是很难受的，怎么在胖东来，这反而成了一种收获呢？这就要过渡到管理制度的第二个属性，即"指引性制度"。

胖东来的指引性制度

指引性制度跟规范性制度相对应，规范性制度告诉员工什么不能干，对人是一种约束；而指引性制度告诉员工应该干什么，这对人是一种正向的引领。

以家长教育孩子为例，有的家长对孩子只有约束没有引导，不允许孩子干这个、干那个，一堆的清规戒律，而孩子应该干什么、应该怎么干比较好，却一点都不提。这样的管理方法很难教育出积极阳光的孩子。

胖东来将规范性制度和指引性制度相结合，一方面对不能做什么有明确的规定，另一方面也会对员工应该做什么给出明确引导。举个例子，胖东来有针对各个岗位的实操标准，这可以看作针对具体岗位的管理制度，其中《胖东来超市部服务台员工实操标准》中对服务标准的规定举例如下：

①处理客诉，第一时间送水，面带微笑倾听顾客诉求并为顾客妥善办理。

②办理业务时双手接递物品，超出标准为顾客办理时委婉告知顾客。

③针对生鲜、干副休闲、低温冷冻、家居类商品中需报损的，按照退货商品现场报损标准执行，销毁前及时告知顾客报损理由。

④礼貌地为顾客办理婴儿车、雨伞、拉杆购物车租借手续，提醒顾客安全注意事项并配备好必备物品。

⑤主动安抚丢失孩子及家长的情绪，并第一时间为顾客提供帮助。

根据顾客需求，为顾客提供的特色服务举例如下：

①打包：存包柜备有方便袋可以将顾客过多的零碎物品装在一起，方便携带。

②广播找人寻物：为和家人、朋友走散的顾客及丢失物品的顾客提供广播平台，可暂时照看走散的孩子，方便其家人寻找。

③爱心轮椅：爱心轮椅为行动不便的顾客提供方便。

④便民箱：为顾客免费提供了叉子、筷子、吸管、小勺，以方便顾客取用。

⑤医药箱：为顾客免费提供常规药品创可贴、体温枪、碘伏、医用棉签、风油精、云南白药粉等，以及急救药品速效救心丸、龙虎人丹以方便顾客使用（碘伏、云南白药粉、速效救心丸上方标注好开口日期，每月定时更新）。

从这些规定中可以看出，胖东来在引导服务台员工学会如何更好地服务顾客，这种引导给员工提供了特定场景下的解决方案，而不是约束员工的行为。

以服务标准第5条为例，我们可以想象这样一个场景：一位小朋友跟家长一起逛胖东来，但是不小心走散了，孩子来到服务台寻求帮助。这个时候，服务台的员工要做的不是询问各种信息，而是要先安抚孩子的情绪，因为这个时候的孩子的内心非常恐慌无助。安抚情绪一方面方便后续的沟通，另一方面也为孩子提供情绪价值。

以上的举例只是超市部服务台员工基本的服务标准。在他们的工作中，胖东来给该岗位员工提供了七大项、一共98页的工作实操引导，这些内容其实就是胖东来对这个岗位制定的具体管理制度。

实操标准能算是管理制度吗？这更像是员工培训或者岗位手册？的确，前面我们提到胖东来岗位实操标准时，也把这些当作胖东来的培训文件，当作胖东来让员工学习和掌握知识的文件。不过，假如从企业管理层面来看，胖东来怎么管理和考核具体岗位的员工？不是靠领导的感觉和印象，靠的就是实操标准对应的每一个细节。例如，上面提到的服务台工作人员，她应该做什么，应该怎么做，遇到问题怎么处理，实操标准上都写得清清楚楚。胖东来先是手把手教会员工，然后再用这个制度去管理员工，这一方面保证了制度的延续性——员工不会觉得无所适从，另一方面也保证了制度的公开透明——所有的制度从最开始就被贯彻到了实际工作中，大家照制度办事就可以了。

从管理制度到知识管理

从管人的制度到引导人的制度，可以说，胖东来在制度层面做了非常大的创新。员工不只被制度约束和管理，也可以通过学习了解制度，让自己变得更强大。在用人方面，胖东来非常愿意提拔老员工，胖东来很多高管都是从老员工中提拔上来的，为什么呢？一个重要的原因就是老员工熟悉各项制度，也从制度中受益最多，甚至他们也通过自己的实践不断丰富和完善着制度。

从尊重制度到完善制度，再到共享制度，这其实已经超越了传统管理制度的范畴。胖东来也从最开始的制度建设过渡到了现在的"知识管理"，并且把企业制度和知识管理有机结合，可谓开创了先河。这对现代企业建立和完善管理制度特别有借鉴意义。

制度建设，就是企业建立各项制度的过程。企业的制度都是从无到有，从零散到系统的，胖东来也不例外。胖东来几千万字的企业制度文档，并非一朝一夕写出来的，这是它30年积累和沉淀的成果。那什么叫知识管理呢？教科书上有各种复杂的定义，胖东来的做法其实特别简单："制度知识化"和"知识制度化"。

制度知识化

对很多企业来说，制度就是冰冷的教条，企业制定制度，员工必须遵守，制度强调对员工行为的约束。然而，在胖东来，所有的制度都跟工作相关，甚至跟具体的工作场景相关，例如如何接待顾客、如何处理投诉、如何应对各种复杂情况等。显然这种涉及具体业务制度的出发点不是"管人"，而是通过知识化的制度给员工赋能，通过制度让员工有更好的工作状态，更优异的工作表现。

知识制度化

对很多人来说，知识就是知识，制度就是制度，这两者是毫无关系的，但是在胖东来，制度不再是"死的"东西，它跟实践相关联，不断演进。其中一些跟工作有关的知识被固化了下来，变成了新的制度。例如前面提到的"敲鱼台"的例子，一位员工在工作中偶然发现处理活鱼的好办法，这本身是一个跟工作相关的知识，但胖东来把这个知识固定下来，变成了工作标准，也变成了各个门店统一执行的操作制度，这就是知识制度化的典型呈现。其实不只在实操过程中，在人员管理、员工绩效、商品管理、工程施工管理上，都有大量的例子证明胖东来把各种知识转化成了企业的制度。

为什么要推行"制度知识化"和"知识制度化"

这其实是经济发展和企业演进的必然产物。过去，市场竞争不太激烈，企业有基本的管理制度，运营不出大乱子就行。现在情况不同了，各行各业竞争非常激烈，市场环境也瞬息万变，企业必须要搞精细化运营。什么叫精细化，就是要把管理落到非常具体的场景里头，这对管理制度也提出了相应的要求。

过去，管理制度可能就是泛泛地要求员工要"热情接待顾客"，现在的管理制度则会分门别类地列出各种场景，告诉员工什么叫热情接待顾客，以及在不同的场景中如何热情接待顾客。在这个过程中，新积累的知识不断被转变成制度，从而促使制度不断完善。过去企业突击搞制度建设，请几个专家关起门起草各种制度条文，现在企业一定要结合员工工作的实际情况，把制度跟具体工作结合，把制度跟最新的实践结合。

因此，在更高的层面上，制度建设就不再只是建设制度本身，它变成了企业知识管理的一部分。

胖东来的制度都有什么内容

胖东来有哪些制度

整体来看，胖东来的制度包括以下几个板块的内容。

第一是集团和各分公司、门店的综合管理制度，如《许昌市胖东来商贸集团有限公司各项管理制度》《许昌市胖东来超市有限公司各项管理制度》《许昌市胖东来药业连锁有限公司各项管理制度》《新乡市胖东来生活广场各项管理制度》《许昌市胖东来商贸集团施工手册》《企业文化理念门店植入参考标准》等。

第二是涉及员工日常及培训有关的各项制度，如《新员工入职流程》《胖东来新员工培训-日常管理制度》《文化理念手册》《胖东来培训指导手册》《胖东来公司员工各项安全标准和流程》《员工思维及语言使用规范》《思想行为考核标准》《文化理念培训大纲》《商品管理制度》《财务管理制度》《安全管理制度》《服务管理制度》《客服标准》《幸福生命状态手册》等。

第三是跟考核、评议、薪资等有关的制度，如《时代百货各级别工资政策》《胖东来餐饮部各级别考核方案》《胖东来电玩城日常管理考核方案》《胖东来后勤部后勤文化理念考核方案》《爱的福利》等。

第四是跟岗位实操和企业标准有关的各项制度，如《超市部电工实操标准》《超市部果蔬课员工实操标准》《超市部电脑室员工实操标准》《物流中心生鲜配货员实操标准》《电器部收银课实操标准》《新乡电器部空调实操标准》等。

胖东来的制度有什么内容

我们可以通过两个例子，了解胖东来的制度里包括什么样的内容。

举例一：《商品管理制度》

《商品管理制度》颁布于2023年5月11日，自2023年5月20日实施，一共4500多个字。该制度包括制定该制度的目的和3个部分的核心内容。

首先是制定制度的目的。良好的商品价值代表着真诚和信任，为了更好地保证商品品质、维护品牌形象，为顾客提供安全、健康、品质的商品，坚定地围绕"安全、实用、实在时尚"的标准，制定以下管理制度，保证从采购到销售各个环节流程标准的执行与落实，对商品品质、价格、品类等进行严格把控，让顾客更幸福、让社会更美好！

第一部分是商品质量制度，一共有21条内容，详细列举了各种商品质量违纪行为，如严重商品质量违纪行为有"未按照食品安全要求使用包装材料、容器、操作工具、原材料等，存在食品安全隐患的""使用劣质、被污染的原材料加工商品"等。如果出现这些问题，经调查属实，将被视为严重违反公司的规章制度，对当事员工解除劳动合同，促销调离胖东来所有门店，主管负连带责任降一级一个月。

第二部分是商品管理制度，一共有36条内容，详细列举了商品管理中可能出现的问题，以及商品管理标准，如商品管理重点违纪有"商品出现双标签、标签内容与实物不符、标卖价不一""按标准排查商品、赠品日期，商品日期排查表未按标准填写""储存的成品和半成品未密封存放、混放，原料与成品交叉污染"等。如果出现这些问题，一个月内第一次违反对当事员工扣除相应分数，第二次违反相同条款降学习期一个月，第三次违反相同条款视为严重违纪，对当事员工解除劳动合同，促销调离胖东来所有门店。

第三部分是商品部管理制度，一共有39条内容，这是对商品采购、商品管理等相关活动进行的规定，如商品部严重违纪有"向厂家或供应商相关人员索要、收受礼品、现金，以及由他人付款的个人消费或其他利益""私自接受厂家或供应商安排的宴请、旅游、参观、学习等其他外务活动""私自带走、销毁公司资料或电子文件，打听、议论、泄露公司商业机密"等。如果出现这些问题，经调查属实，将被视为严重违反公司的规章制度，对当事员工解除劳动合同，主管负连带责任降一级一个月。

通过这个制度可以看出，胖东来的制度非常严谨，涉及具体业务时，能涵盖可能出现问题的各种情况。另外，在制度的阐述上也很有条理，责任具体到部门和个人，相应的处罚措施也比较明确。

举例二：《幸福生命状态手册》

该手册颁布于2023年8月16日，包括4个部分的内容，一共有113页。

什么叫幸福生命状态？这显然不仅仅是对员工工作的要求，还包括对员工的个人生活、家庭关系、身心健康、财富管理等方面的要求。在胖东来看来，一个人光有工作上的成就肯定算不上是幸福生命状态，一定要各个方面综合协调发展才算是幸福生命。该制度具体来看有如下内容。

首先，前言部分介绍了制定该手册的目的。胖东来的企业目标和价值不只是做商业，满足企业生存和发展的需求，而是通过商业的载体和平台，建设、践行和传播科学先进的文化理念，理性地研究和探寻有效的方法，改变奴性实现个性！企业文化理念主要吸纳和借鉴世界先进的宗教文化和法律文化，让更多人懂得信仰的价值和做人做事的准则，培养健全的人格，成就阳光个性的生命状态！同时，致力于建立和完成一个科学的，涵盖文化、体制、标准、系统的运营体系样板，为社会提供一种公平、真诚、健康的经营模式，启迪和带动更多企业走向更加健康、有品质、轻松、自由、幸福的企业状态与生命状态，共同用理性智慧的方法为社会创造更多公平、民主、信任、友善、和谐的人文环境！理解和辅助国家的进步和发展，以法律和不违背人道主义为底线，实现人身、言论和行动自由，实现每个人享有平等的生命权、人格完整权以及追求幸福的权利，实现人民对美好生活的向往和憧憬！以东方人的智慧和美丽，为世界创造和贡献我们的价值！让企业更美好、让国家更美好、让世界更美好！

考评奖励方案中规定了对七大模块的考评及季度奖励金。七大模块分别是爱情、居家、父母、孩子、理财、休假、健康。考核为季度考评，全年共计4次。全员均可参与，自由申请。季度考评奖励金额6000~144000元。

考评奖励的具体标准则详细解释了每个模块的含义及标准等级，例如：

爱情一级，不因感情/婚姻问题长期陷入痛苦、无奈、受伤的状态中（底线原则）；

爱情二级，家人式相处的情侣或者夫妻关系，淡化或褪去了爱情的热烈和浪漫，更多转化成了习惯和亲情（传统）；

爱情三级，自由的爱情状态，保持独立、平等和轻松，不彼此束缚（自由）；

爱情四级，始终享受爱情，浪漫甜蜜的状态，拥有真诚、信任、相互理解、相互关爱的习惯，因为喜欢而主动创造和享受两个人的生活时光（甜蜜）；

爱情五级，灵魂伴侣式的爱情，既是生活上的伴侣，也是精神上的伴侣！非常美好而幸福的爱情状态！（深度契合）。

爱情每个等级对应着相应的分数，等级越高分数越高，每个模块单独评分。

自我评估和愿景规划，以5年为期限，对七大模块分别评分，并在表格中填写自己的生活愿景规划（结合七大模块），并结合自己的实际情况，给出每年的得分和目标得分，以及需提升项目。

幸福的定义，一共10条标准，分别是：①生命的觉悟与开悟；②一颗自由、喜悦与充满爱的心；③走遍天下的气魄；④回归自然；⑤安稳而平和的睡眠；⑥享受真正属于自己的空间与时间；⑦彼此深爱的灵魂伴侣；⑧任何时候都有真正懂你的人；⑨身体健康，内心富有；⑩能感染并点燃他人的希望。

通过这个制度可以看出来，胖东来把规范性制度和指引性制度相结合，不仅在工作中引导和提升员工的工作表现能力，还在生活中引导员工树立正确的爱情观、家庭观、理财观、健康观。这其实是将企业制度和企业文化深度绑定，在制度中体现文化的温情，也在制度中引导员工跟企业的愿景和价值观保持一致。

从人治、法治到知识管理，胖东来真的懂制度

从人治到法治，管理的理念在变化

我们经常用人治和法治区别不同的企业管理风格。人治的企业，老板或者领导说了算，决策有很大的不确定性，也显得比较随意。今天领导很高兴可能他会做出这样的决定，明天他不高兴了，可能又会做出那样的决定。法治的企业靠的是制度，也就是企业的"法"来管理企业，哪怕老板没有亲力亲为，哪怕换了领导，任务执行也不会走样。

相比起来，法治的好处是显而易见的，那么为什么还是有很多企业依然停留在人治上，或者即便有制度也不好好执行呢？主要有3个方面的原因。

第一，老板本身的视野和格局。有些老板喜欢指使别人，愿意让员工围着他转；有些老板喜欢凡事亲力亲为，任何事都要自己做主。这两类领导者都习惯用人治代替法治。然而，企业的管理是自上而下的，最上层的领导如果偏向于人治，中层的领导就很难用制度管理企业。

第二，有些企业不懂如何制定制度，即便有制度也流于表面，没法真正落地。单项的制度制定起来不难，难的是各项制度互相关联，彼此配合。很多企业不具备全局思考能力，各制度之间互相冲突，各部门在应用制度时会推诿扯皮，导致制度很难落地。

第三，企业和员工之间对制度没有共识，企业推行的制度员工不接纳，千方百计找政策的漏洞，最后导致制度形同一纸空文。这种情况在很多企业都很常

见，所谓"上有政策，下有对策"。

针对这3个问题，胖东来是怎么做的呢？首先，关于老板的视野问题，真正法治的企业，老板反而是最省心的。胖东来的老板于东来是个"甩手掌柜"，他经常外出游山玩水，不是他对企业不关心，而是好的制度让他越做越轻松。其次，关于制度制定的问题，胖东来的方法也值得借鉴，制度建设不是一朝一夕的事，需要有中长期的规划。在制定制度时，企业可以先从总体的制度入手，再结合总体制度制定分公司、分支机构、分店的制度。在具体做法上，优先制定与核心业务、关键业务相关的制度，再逐渐完善其他制度。胖东来的制度比较完善，而且公开可查，可以直接作为其他企业制定制度的参考。最后，关于制度的共识问题，一方面，制定制度时要让员工参与，要对员工的工作有帮助，另一方面，要采用宣传、培训等方法，让员工理解制度的内容及执行制度对自己的好处，要让员工愿意为制度"买单"。

从法治到知识管理，更先进的管理制度文化

知识管理就是把跟企业相关的各种知识进行汇总、整理、优化和传承，很多企业都做过知识管理的工作，例如总经理秘书整理领导的各种发言，人事部门完善公司各种人事制度等。但过去这些工作都比较零散，彼此之间没有关联，也很难有系统性推进。

现在越来越多的企业意识到知识管理的重要性，很多企业还设置了首席知识官（Chief knowledge Officer，CKO），统管跟企业相关的各种信息、文档、资料、隐形知识等。也有不少企业像胖东来这样，把制度也纳入到了知识管理的范畴。这样做一方面可以系统地完善、整理各种制度资料，另一方面也可以不断完善企业制度。

用知识管理的办法推进企业制度建设有两点好处。

①对企业来说，制度不再是挂在墙上的展板，而是可落地的"员工工作指南"。

②另外，以知识管理的办法来管理制度，也会让制度更有连贯性。

以胖东来为例，胖东来的很多制度都有一个标签叫"版本号"，如"2022年12月13日第15版"，这意味着到2022年12月13日这一天，这个制度已经迭代了14个版本。每个版本都有据可查，为什么要迭代，改动了哪些地方，新改动的地方是不是适用性更强了，这些都是制度管理要考虑的要素。如果一个企业的每一条制度都有这样一个"迭代档案"，那么这个企业的制度一定会越来越完善。不管谁接手做，也都能站在前人的基础上，不用走回头路。

对员工来说，知识管理让制度不再是冰冷的规矩和要求，而是变成了有温度的工作指南。能做什么，不能做什么，怎么做比较好，有什么注意事项，制度都有说明。对员工来说，这可以让他们少走很多弯路，也能直接提高他们的工作效率。

怎么做知识管理呢？很多企业还没有条件专门设置首席知识官这个岗位，一般知识管理会归口在总裁办、总经理办公室，或者行政部。而胖东来把知识管理的权限下放到了一线。也就是说，一线员工、班组的反馈意见可以作为制定和修改制度和更新各项知识的依据。这样一来，企业全员都可以成为知识管理的参与者和贡献者。

让员工为制度"买单"

在本章开篇说过，在企业内部，制度是员工希望购买的"商品"。当然，员工并不需要真的花钱把制度买回来，他付出的是自己的时间和参与度，得到的是制度带给自己的好处。如果一位了解了企业制度的人可以获得更好的发展，那么这一定会产生好的示范作用，让更多的人愿意去学习制度、遵守制度。

胖东来的成功，很大一部分可以归结到制度的成功上。举个例子，大家都说胖东来服务好，服务员素质高。然而，服务人员的素质是怎么来的？其实不单单是靠员工培训，主要的原因是胖东来各种制度制定得好，员工明白该怎么做，为什么要这么做。同样地，大家觉得胖东来环境好、设施齐全，这些也不是因为胖东来工程部的人素质比较高，归根结底还是各种制度执行到位。想想看，如果一家企业各个岗位的员工都能按制度办事，大家各司其职，有条不紊，这家企业就会像一个精密运行的仪器，保持良性、高速地运转。这家企业也能具备强大的协同效应。

员工愿意为制度"买单"，还有一个重要因素就是制度的公平性。简单来说，就是要让遵守制度的人获得更多收益。例如在一家企业里，如果迟到的人得不到惩罚，那就意味着按时上班的人吃了亏。反过来说，如果一个人遵守企业制度却得不到鼓励，那就意味着他根本没有遵守制度的必要。

很多企业其实没有搞明白这个问题，如果企业只有约束没有奖惩办法，制度就会形同虚设。以胖东来为例，它一般会采用两种奖励办法和两种惩罚办法。两种奖励办法分别是金钱奖励和精神奖励。在胖东来符合制度的行为很快能得到正向回馈，包括工资奖励、部门同事的认可、企业层面的推广等。两种惩罚办法一个是降学习期，也就是用再学习的办法鼓励员工尽快赶上；另一个是解除劳动合同，因为胖东来的高薪水和高成长性，所以解除劳动合同对很多员工来说都是一个巨大的惩罚。

也正因为这样，很多员工在胖东来"争当先进"，而胖东来再把这批人的工作态度和工作方法作为标准写入企业管理制度中。这样来回往复，企业的标准就会不断提高，对工作的要求也越发细致，这也是为什么大家觉得胖东来各项表现都居于行业领先地位的原因。从根本上来说，员工愿意为这些制度"买单"。

胖东来启示录5：从0开始建立企业制度

很多人好奇，胖东来这么完善的管理制度是怎么从0到1建立起来的呢？说起来很有意思，现在能查到的资料中，如在官网"爱的传道者"中关于胖东来最早的两条制度是如下这样来的：

因为年轻人较多，我要求很严，平时不让他们出门。有几个女孩一年最多过节时回家看看，而且是我带着回去，把钱和发的福利交给家人，也不让她们在家住上一晚，直接带回来啦。男孩必须经过我的允许才能出去。当时一是害怕他们惹事、学坏，没法给他家人交代，毕竟他们的家人把孩子交给了我，我要对他们负责。

二是让他们好好干，多挣点钱，为家人分担点责任。那时都上整班，平时吃穿都在店里，因此年终每个员工能往家拿1万多元。你想，这对父母来说是多么不易呀，肯定高兴，孩子长大了，争气。在待遇方面，我从来没有也没认真地算给他们发多少合适，只是考虑他一年能挣多少钱，办多少事，能干几年。挣几万元，在当时盖房、结婚不都能解决了，而且还能孝敬父母一些。平时也不让他们随便花钱，因为我知道钱来得不易，知道没有钱的滋味。[1]

这两条制度，一条是关于员工人身安全的，另一条是关于工资待遇的。看起来，这并不像是老板给员工定的制度，更像一个大哥给小弟、小妹做出的强势安排。

不过，从字里行间，我们都能感受到一点，那就是于东来在制定制度的时候，出发点不是自己，也不是自己的店，而是员工（包括员工的安全、员工的收入等）。制度的出发点是怎么做才能真正让员工好。

---

[1] 胖东来官网"爱的传道者"，于东来，7、8页。

制度的利他原则

很多企业，尤其是初创型企业在设计制度的时候，都是从利己的角度出发的——怎么要求员工才能做好管理，怎么约束员工才能多赚钱。利己是人之常情，但这其实就给制度埋下了一个安全的隐患，那就是在根源上，企业制度和员工利益是有冲突的。

一旦企业和员工在制度理解上没有达成共识，员工就很难真的为制度买单。这样的结果就是，制度仅仅是一种雇佣关系下的约束，员工要么希望结束这种雇佣关系（离职），要么希望在雇佣关系下逃避约束（违反制度且逃避惩罚）。

跟利己原则相对应的是利他原则，也就是把对他人好作为基本的出发点。当然，利他原则也不是说不考虑企业利益，无条件地偏向员工，而是说，制度制定的出发点或者长期目标是有利于员工的。例如前面提到的，胖东来《商品管理制度》中有一条，"（不得）向厂家或供应商相关人员索要、收受礼品、现金，以及由他人付款的个人消费或其他利益"。企业当然不希望采购商品的员工收受厂家的贿赂，但是反过来，这其实也是为员工好。有的员工觉得厂家请我吃个饭，送个小礼物也没什么，殊不知这样交往，后面很可能就变成了金钱贿赂，直接导致违法犯罪。

大多数时候，利他和利己是并存的，并不矛盾。举个例子，在《许昌市胖东来商贸集团施工手册》中，关于施工防暑工作，有这么五项规定：

（一）严格控制室外作业时间，避免高温时段作业，原则上，气温超过37℃，严禁11:00至15:00进行室外作业；

（二）现场提供饮用水，临时仓库摆放冰柜，为施工人员发放冰糕，有效地防暑降温，避免发生中暑事件；

（三）室内作业，每个楼层摆放医药箱，配备防暑药物，如人丹、清凉油、风油精等，落实防暑降温物品；

（四）室外作业，要求施工人员随身携带防暑药物，如人丹、清凉油、风油精等，落实每一位工人的防暑降温物品；

（五）加强通风降温，确保临时设施满足防暑降温需要，建筑工地施工现场必须配备风扇。

从上述规定中可以看出，胖东来是善待员工的。很多时候，施工方并非胖东来员工，胖东来仍然考虑到了他们的利益。看起来，这些制度保护的是施工工人，但实际上保证施工的安全对胖东来也是有利的。一方面，这可以保证工程质量，减少劳务纠纷；另一方面，施工工人对胖东来怀有好感，也有助于胖东来口碑的传播。

可以说，利他原则是胖东来整个制度体系的基点，从最开始有利于员工，跟员工目标一致，到后面有利于顾客，跟顾客目标一致，胖东来彻底把制度"盘活"了。胖东来对员工好、对顾客好，并且它以制度的形式把这些"好"固定了下来。结果就是，员工愿意遵守制度，顾客也能从制度中受益。显然利他和利己并不冲突，胖东来借助融合二者的制度管好了企业，实现了跨越式发展。

制度的演进原则

企业制定制度的时候经常会面临"滞后性"问题，什么叫滞后性呢？简单来说就是企业出现了问题，甚至问题存在很久之后，相应的制度才被提出来。

举个例子，很多单位都有员工出差报销制度，A单位之前员工出差比较少，员工回来自己贴票，领导签字后拿去财务报销即可。然而，随着A单位业务的扩大，员工出差的情况也变多了，员工出差费用远超预期。财务部门经过调查发现，因为员工出差前不需要制订出差计划，出差住宿、交通的支出没有固定标准，后续贴票报销也缺乏管理，所以很多员工虚报账目，把一些个人支出项目变成公司出差支出项目进行报销。

发现这个问题之后，财务部联合业务部门开了多轮会议，拟定了新的财务报销制度条款，最后经过总经理办公室审批，确定了新的财务报销制度。这中间一共经历了半年的时间，因为还涉及其他财务制度的修订，新的财务制度在一年之后才正式发布出来。这一整年的时间里，员工不可能不出差，因为新制度还没有完全确定，所以还是执行老的报销制度。也就是说，这一年时间，员工报销还是混乱的，这就是滞后性的一个典型案例。

一般来说，规模越大的企业越容易出现滞后性问题，主要有两个原因。

第一，越大的企业制度审批涉及的部门越多，越容易耽误时间；

第二，越大的企业推行新制度的过程越烦琐，一般对小企业来说，新制度口头传达一下就行，但是大企业推行新制度需要多轮培训，从上到下一层层落实。

胖东来是怎么解决这个问题的呢？胖东来采用版本迭代的方法更新制度，保证制度与时俱进。什么叫版本迭代？就是每次制度更新都有一个“版本号”，例如上一版制度是2.1.4，那么下一版制度就是2.1.5。一般每一次版本迭代都对应特定的日期，便于日后查询，如2.1.4这个版本的更新时间是2024年2月17日，2.1.5这个版本更新的时间是2024年4月1日。

版本迭代的好处是，企业不用等到特定的日期才能公布制度。每个月，甚至每周都可以做制度的更新。有需要就更新，哪怕就是制度里调整了一句话，也可以算一个版本迭代。这就有效避免了制度的滞后性问题。

制度的创新原则

对大部分企业来说，并没有一个专门的部门负责制定制度，因为制定制度并不是一项常态化的工作，尤其是企业制度制定好之后，后期主要工作就是修订和优化，工作量也不是很大。因此，很多企业会在某一个时间段集中精力把制度都制定好，后续只是做一些修补。

至于制定制度的部门，每个企业的情况也不一样。有的企业是老板定制度，企业所有制度的发起人都是老板；有的企业是总裁办或者行政部定制度，然后下发至各个部门；有的企业是职能部门（例如财务部、法务部等）和业务部门联合制定制度。因为制度发起的部门不同，后期制度的维护、修订、督导、落实也不尽相同。一般老板或者行政部门强推的制度落地会有比较大的阻力，而业务部门参与制定的制度会较多考虑自身利益，对企业的整体利益和长远发展关注较少。

胖东来制度来源于两个方面。一方面是企业层面的制度，如施工安全制度、文化理念制度、整体管理制度等。这些制度一般比较宏观，涉及企业整体的运营，也需要企业所有业务部门共同遵守。企业层面的制度不太涉及具体的经营活动，更多考虑的是企业长期发展战略和企业遵循的核心价值观。另一方面是跟具体业务相关的制度，如各岗位实操手册、各业务部门管理办法、业务部门考核办法、工资标准等。这些制度跟经营紧密相关，考虑的是制度对实际业务的规范和引导作用。

简单来说，胖东来既有自上而下、由管理层推行的制度，也有自下而上、由一线员工积累和总结的制度。这样做有两个好处：第一是保证制度的专业性，不会出现外行领导内行的情况，业务的制度从业务一线来，企业宏观管理的制度从管理层来；第二是保证制度可以不断创新，员工在业务层面进行跟业务相关的各种制度的创新，管理层结合先进的管理理念和竞争格局，进行企业整体制度的创新。

接下来，我们通过两个例子看看什么叫自下而上的制度创新（一线员工的制度创新，推广到全企业）和自上而下（管理层制度创新，推广到全企业）的制度创新。

员工带来的自下而上的制度创新

胖东来医药部付萍萍接待了一位大姐。大姐不是来买东西的，而是想问问胖东来能否维修血糖仪。付萍萍检查后发现，这台血糖仪并不是在胖东来购买的，但按照售后维修流程，她还是对这台机器进行了登记，并热心地帮大姐联系了返厂维修。等到拿机器的时候，大姐认为这台修好的机器并不是自己的。付萍萍赶紧查看《顾客维修登记本》并核对机器编号，还和厂家核对，最后证明自己没有搞错。然而，大姐就是不认，坚持说这不是自己送修的机器。遇到这件事，付萍萍感到很委屈，她觉得"本来就不是在我们这买的机器，我们帮忙维修，还……"

这时候，主管正好路过，他让付萍萍拿一台新机器给大姐，最后大姐高兴地拿着新机器离开了。然而，这件事困扰了付萍萍一个下午，最后她还是忍不住给主管打了电话。主管说："遇事我们要站在顾客的角度考虑，让顾客满意。当时咱们只是自己记录了机身号，并没有和顾客确认，是我们的流程存在问题。今天虽然她拿走了一台新机器，但是她很满意啊。"主管讲到这里，付萍萍的心结才彻底打开，而且因为这个小波折，医药超市完善了售后服务流程。之后顾客拿来维修的机器，不但要登记品牌、型号、购买日期，还要登记机身号并拍照存档。从那以后，类似的事件再也没有发生过。[1]

看起来，这只是付萍萍解决工作中遇到问题，但实际上，她协助改进了（医药部）售后服务流程制度。新的制度不仅仅适用于付萍萍所在的门店，胖东来医药所有的门店都执行这个新制度。

---

1. 胖东来官网"爱的路上释放温暖的力量"，《一台血糖仪》，医药部付萍萍。

管理层带来的自上而下的制度创新

据每日经济新闻报道，2023年12月28日，胖东来宣布（茶叶超市）员工将提前3小时下班由此引发了社会广泛关注，胖东来创始人于东来在直播中表示："茶叶部门以前可能只是卖个4万~5万元，现在一天可能就卖到了20多万元，（销售额）太高了，人的劳动强度太大了，太辛苦了，增加人吧，害怕等到热度下去了，你（增加）的人没办法安排。我就压缩上班时间，提前关门。（员工）太累了，时间久了他会生病的，这样他的工作质量也会下降。"时隔两个月，2024年2月29日，据河南商报报道，因为爆火后客流太大，胖东来银饰区提前4小时下班，部分银饰暂停销售。记者以顾客身份就上述问题致电胖东来，工作人员称，目前银饰柜台的营业时间为上午9:30至下午5:00。

对企业来说，顾客越多越好，营业时间越长越好，但胖东来却反其道而行之，推广提前下班的制度。胖东来为什么要这么做？除了前面说到的胖东来在制度制定上的利他原则（有利于员工的制度），还因为胖东来的管理层从企业长期发展（保护员工，保证业务细水长流）和企业价值观（实现企业和员工协同发展）的角度考虑，认为有必要修改制度。

总结一下，一个企业想要从零开始建立真正能用、好用的制度，绝不是请人拟定一些制度条款或者复制粘贴别人的制度这么简单，而是需要真正理解企业管理制度的本质。制度的本质是企业销售给员工的"商品"，企业通过制度给员工赋能，员工通过制度获得提升。

在制度的制定方面，企业需要结合利他原则，先找到制度的基点，在此基础上，推动制度的迭代演进。另外，制度的制定和维护并不是老板工程，要发动管理层进行自上而下的创新，也要发动员工进行自下而上的创新。

　　胖东来在制度上的成功很值得学习。它相信制度的力量，相信制度治理优于人治。在制度内容上，从约束人的制度到引导人的制度，胖东来提升了对制度认知的维度。最终的结果就是，胖东来把"死"的制度变成了"活"的制度：一方面，制度在不断演进；另一方面，借助管理层和基层员工，实现了制度的多元创新。这些经验，很值得其他企业学习借鉴。

第**6**章

文化
——那只看不见的手

　　文化可以是学习胖东来的"起点"，也可以是"终点"，但更好的做法其实是把文化变成学习胖东来的"锚点"，结合胖东来的企业文化理解胖东来在各个层面上的做法，这样的学习会让你更深刻地理解胖东来。

胖东来最难学的是什么

李锦是某所大学工商管理学院的老师。他非常关注胖东来，也在网上看了很多与胖东来有关的资料，但因为工作繁忙，他一直也没抽出时间来去胖东来看看。2024年暑假，学校正好有一个社会实践项目，他带领的学生小组申报的项目"民营企业转型研究"通过了校内的筛选。李锦建议学生以胖东来为样本研究民营企业转型，尤其关注胖东来企业文化和领导力方面的内容。

第一天参观下来，学生们都很兴奋，在酒店的大堂里，大家七嘴八舌地开始议论。

学生小徐说："我觉得胖东来的创始人于东来很有个性，他提倡员工要独立，要自主思考，要摆脱奴性，其实这不也是胖东来的个性吗，做企业不能靠教科书上的理论。"

学生大海说："我不同意这种看法，教科书上的理论没有错，像胖东来的细节服务，胖东来的知识管理，胖东来提供给消费者的情绪价值等，其实我们在课堂上都学过，胖东来的案例只是证明这些理论在实践中完全行得通。"

学生梦梦说："企业管理有共性的东西，也有个性的东西，胖东来的管理符合管理学共性的东西，这点我同意。在管理方面，胖东来有没有什么很个性的管理，别的企业没有，或者很难学得来的？"

学生静甜说："我觉得是优质服务，我见过很好的服务，但是像胖东来这种发自内心地服务你，例如服务员像对待家人那样跟你交流的，我还是第一次见，而且我觉得他们的笑容特别真诚。"

听到这里，李老师插了一句话，抛出了第一个问题："你们觉得，为什么这些员工的笑容这么真诚？为什么他们能像对待家人一样对待顾客呢？"

"我觉得是高工资，员工发自内心地高兴""我觉得是员工培训做得好""我觉得是企业文化好，员工工作的时候都觉得舒心""我觉得是因为老板尊重员工""我觉得是员工自己觉得自己的工作有尊严""我觉得是企业内部的正能量"……大家七嘴八舌地讨论着。

看到大家开动脑筋思考，李老师又抛出了第二个问题："那谁能告诉我，就你们在现场看到的和在各种资料中看到的，胖东来的文化到底是什么？"

"额……"刚才热烈的讨论突然中止了，大家陷入了思考。

李老师趁热打铁，又抛出了第三个问题："别的企业学习胖东来，能直接把这套文化照搬过去吗？换句话说，这种文化，别的企业学得会吗？"

"学不会。"大海脱口而出。

"我也觉得很难。"梦梦同意大海的意见。

"我觉得文化是最难学的，但还是可以学得会的，不然我们岂不是白来了一趟？"小徐的话把大家都逗笑了。

李老师并不打算给大家答案，他启发大家道："那我们就把这些问题作为接下来几天研究的课题。大家好好想一想，胖东来的文化在这家企业的发展中到底起到了什么样的作用，其他企业要怎么学习这种文化？"

简短的讨论结束了，但大家显得意犹未尽。回房间的路上，大家依然叽叽喳喳地聊着自己的观点。对于明天的参访，大家充满了期待。

胖东来的三层文化到底是什么

谈到胖东来的文化，很多人第一时间想到的词是"爱"。无论是在胖东来墙上的标语中，还是在创始人于东来的各种讲话中，"爱"这个字出现的频率特别高，如"爱在胖东来""自由·爱""创造爱·分享爱·传播爱"。跟胖东来文化有关的两个文件，一个叫"爱的传道者"，另一个叫"爱的路上释放温暖和力量"。在《胖东来文化理念手册》中，关于"爱"是这么表述的：懂得爱自己、爱别人、爱万事万物！不违背自己的内心，做自己喜欢的事情，学会释放自己的爱，发挥自己的智慧和价值。

关于爱的文化，胖东来有5条具体的解释，分别是爱自己、爱家人、爱员工、爱顾客、爱社会。因为胖东来博爱的文化，很多研究胖东来的学者把胖东来的文化概括为"大爱"的文化：因为爱着周围的一切，所以才会给员工发高工资，才会不计成本地对顾客好，才会一次次地给社会捐款。

然而，如果仅仅把胖东来的文化概括为"大爱"，其实是把胖东来的文化看小了。大爱的文化只是胖东来文化中比较表层的一部分。整体来看，胖东来的文化其实包括3个部分，从内到外分别是世界观和生命观、价值观和愿景、认知和行为准则。

胖东来文化的底层是世界观和生命观

胖东来的世界观

世界观就是对这个世界的看法。我们看到胖东来各种外显的文化，其实都受到胖东来秉持的世界观的影响。

于东来虽然只有小学文化水平，但是他的思考却非常深刻，在胖东来官网"心向阳光"中，于东来曾写下这么一段话：

我们想要明事理，活自己，心灵高贵，思想自由，活在当下！我们就要明白自然与人类的关系，明白自然科学与文化信仰的概念及相互的作用，明白信仰与道德对人们的生活起着什么样的重要作用。我们要追寻活着的本源，只有明白这世间基本的做人做事道理，才能展开自信的生命旅程……[1]

上面这段文字收录在"关于为什么要了解宇宙"这篇文章中。看起来，了解宇宙和经营商业八竿子打不着，但是于东来却认为，了解宇宙、世界、历史、宗教非常有意义，只有想明白了这些内容的根本，才能想清楚自己到底应该干什么，应该追求什么。

那么我们应该怎么做呢？于东来得到的结论是：

我们要制定规划，制定标准，完善企业各部门、各岗位，包括个人生活标准等运作系统。希望更多的人明白自己应该怎样活着，希望每一个人是幸福快乐和自信的！明白在不利用他人，不伤害他人，不违背善良的基础上做自己喜欢的事！明白做到明事理，活自己，心灵高贵，思想自由，活在当下是多么幸福。[2]

看到这里，想必大家开始理解为什么胖东来要强调"爱"，要把自己定位为"一所学校"，因为在于东来看来，如果我们真正看清楚了世界，就会理解人最重要就是活在当下，活出真我，而不是世俗意义上的所谓功成名就——这一点也完整地体现在了后面会提到的胖东来的价值观和行为准则中。

或许有人会说，这是老板于东来的世界观，胖东来的普通员工会有这么深刻

---

1. 胖东来官网"心向阳光"于东来，2020-12-24，212 页。
2. 胖东来官网"心向阳光"于东来，2020-12-24，213 页。

的认识吗？他们怎么可能有机会了解宇宙起源、人类历史？如果只有老板有这种世界观，那么这能算胖东来文化的一部分吗？

在许昌胖东来时代广场负一楼停车场，整个停车场周围墙壁上没有一条广告或者企业宣传语。在一个个灯箱画框里，胖东来用系列展板的形式，展示了宇宙起源等的脉络。由此可见，胖东来的文化始于世界观的传播。在于东来公开的讲话中，他也不止一次地提到这些内容。因此，胖东来并不是把一些世界观硬塞给员工和顾客，而是让人明白为什么要这样想，为什么要这么做，知其然也要知其所以然。

胖东来的生命观

如果理解世界是宏观认知的话，那么理解自己的生命就是微观认知。对于生命，于东来曾在《胖东来文化理念手册》中写过这样一段话：

我自己从1999年就开始写遗书了，每年都写，快20年了；如果我万一出问题了，公司怎么办？家庭怎么办？写遗书不是咒自己，而是把一切都科学理性地安排好。这样是不是心理上就更轻松了！就算出再大的事情，最起码我心里很坦然！

之所以有这种认知，是因为于东来真的经历过生死考验：

就像我，不但肺给我判过死刑，而且我还有溃疡性结肠炎、肝癌早期、胃癌早期、心脏冠状堵塞95%的问题。当时医生告诉我说死马上就死。那时候我爱人刚开始做乳腺癌的化疗，我对自己说"我怎么能死？我不能死！"然后就买了飞机票直接去北京做手术，以前就是因为无知才让身体走到今天不可扭转的状态……在慢慢懂得了好的理念后，我知道人要快乐地活好每一天，即便是死了也知足了，也干了，也玩了，也享受了，也潇洒了！[1]

---

1. 胖东来官网"东来分享"，《【东来哥会议记录分享】胖东来是一所学校，而非一个企业》，2021-12-20。

可以这么说，胖东来所有的文化，追根溯源都跟世界观和生命观有关。为什么胖东来要强调"培养健全的人格，成就阳光个性的生命"？为什么胖东来要把企业信仰定为"自由·爱"？说到底，这些都受到企业文化中最深层的世界观和生命观的影响。

胖东来文化的中层是价值观和愿景

胖东来的价值观

价值观就是对事情对错和是否有优先性的看法。所谓对错，就是应该做什么，不应该做什么；所谓优先性，就是在有限的资源下，应该优先做什么，把什么摆在首位。

举个例子，有的企业认为赚钱最重要。为了赚钱可以不惜一切代价，可以让员工处于危险的工作环境中工作，可以通过坑蒙拐骗赚钱，在企业所有的工作中，赚钱优先性最高。至于企业社会责任、企业长期发展战略，这些都是可有可无的，相比起赚钱，这些统统都可以往后排。这就是这家企业的价值观。

在胖东来的文化中，它认为什么比较重要呢？显然并不是赚更多钱，也不是做成世界级大企业。在《胖东来企业文化理念手册》的表述中，有这么一段话：

企业最大的价值就是致力于使更多人懂得先进的生活理念，懂得"自由·爱"的信仰，懂得"扬善·戒恶"的做人做事标准，培养健全的人格，成就员工阳光、自信、个性、幸福的生命状态。

胖东来的愿景

为什么要使更多人懂得先进的生活理念？结合前面讲到的世界观和生命观，因为宇宙广阔，生命无常，我们活在茫茫的时空中，帮助他人活出良好的生命状态比追求名利更有价值。胖东来也把这层意思总结成了一句话，叫作"培养健全的人格，成就阳光个性的生命"。这也是胖东来的愿景。所谓愿景，可以理解成企业最终要实现的目标。也就是说，胖东来认为，这个目标对企业来说至关重要，比赚钱重要，比扩张重要，为了优先实现这个目标，可以舍弃很多其他东西。

可能有人觉得价值观这个词很"虚无"。胖东来有价值观不假，难道它不需要赚钱吗？再说了，员工可以不靠工资，只靠价值观活着吗？

价值观很多时候都是看不见的。企业和企业员工按照一定规则行事，一般外人感觉不到价值观的存在，但遇到事情需要取舍的时候，价值观就会显现出来。举个例子，之前在网上引起剧烈讨论的"胖东来擀面皮事件"，胖东来预计赔偿800多万元。从经济效益上看，这肯定是不划算的，甚至很多人认为这是胖东来为了博流量故意制造的噱头，但从企业的价值观和愿景来看，这就很好理解了，因为胖东来追求的不是赚更多钱，而是"培养健全的人格，成就阳光个性的生命"。这绝不是一句空话，当需要作出选择时，企业会根据自己的价值观作出合理的选择，哪怕这个选择看起来"不划算""不合理""不好理解"，都不要紧。对企业来说，它做了自己认为正确的事，而这里的"正确"，就是企业文化的标准。

胖东来文化的表层是认知和行为准则

有了世界观和生命观、价值观和愿景的铺垫，企业表层的文化就是水到渠成的。胖东来表层的文化其实包括两个部分，在《胖东来文化理念手册》里，企业的认知和行为准则被概括成两个词：自由、爱。

关于爱，前文已经介绍了胖东来关于爱的文化的5个维度；关于自由，《胖东来文化理念手册》主要表述为精神自由和行为自由。

精神自由包括4个部分的内容，分别是：

①保持精神的独立和自由，无论外界环境如何，永远走在喜欢和热爱的路上，主动追求和创造理想中的生活状态，让生命真正属于自己；

②脱离世俗文化和社会惯性，让精神从奴性和固定思维的束缚中走向光明和自由，懂得尊重和理解万事万物，懂得用理性认知世界和生命；

③拒绝不喜欢的、不接受的，永远不失去真诚，既不让虚伪的东西存在于自己的生命中，也不让责任和爱带给自己压力和包袱；

④把名利、欲望管控在合理的度以内，保持精神的健康和自由，才会有无穷的想象力和创造力。

行为自由包括3个部分的内容，分别是：

①不束缚自己，当你懂得爱自己的时候，才会得到真正的自由。不在意别人的评价，不为了面子活在别人的眼里，活出真实自由的生命；

②不束缚别人，不强加自我意愿和要求别人，也不把自己依附和寄托到别人身上。彼此尊重、理解、轻松、愉悦地相处是自由。懂比爱更重要！关于不能维系的人或事，放下了尽量远离，还彼此真正的自由；

③在不利用他人、不伤害他人、不违背法律和道德的基础上做自己喜欢的事。

　　概括一下，胖东来的文化是分层的。表层是认知和行为准则，一方面实现个人觉醒、个人自由，另一方面拥有爱的能力，爱自己、爱他人、爱社会；中层是价值观和愿景，"扬善、戒恶""培养健全的人格，成就阳光个性的生命"；底层是世界观和生命观。这些合并在一起就是胖东来的文化体系。

为什么胖东来的文化能落地

现在很多企业都提倡企业文化，但是实话实说，推行成功的非常少。不少企业的文化"沦落"成悬挂在墙上的标语和落满尘土的企业文化手册，并没有起到应有的作用。

企业文化之所以不落地，主要有3个方面的原因：

第一，企业文化本身流于形式，企业文化充斥着各种口号和标语，员工很难真正认同和执行；

第二，企业文化和员工的价值观有冲突，员工表面服从，内心并不接受；

第三，企业文化表述比较抽象，也缺乏落地宣导，员工不知道企业文化跟自己有什么关联，也不知道如何落实。

胖东来在推行企业文化的时候，恰恰规避了这3个雷区，不管是在制度内容本身还是在落实推广上，胖东来都有自己独特的一些做法，很值得其他企业学习。

胖东来的企业文化言之有物

胖东来的企业文化不是一两句话的标语，而是非常详细的关于企业文化各个方面的阐述。在《胖东来文化理念手册》中，关于企业文化理念，一共有16条内容。

①胖东来属性：学校；

②信仰：自由·爱；

③使命：传播先进的文化理念；

④愿景：培养健全的人格，成就阳光个性的生命；

⑤做人做事的标准：扬善·戒恶；

⑥【扬善】阳光、自由、尊重、信任、真诚、公平、正义、勇敢、博爱、节制；

⑦【戒恶】虚伪、无知、自私、自卑、嫉妒、贪婪、束缚、伤害；

⑧生活准则：健康、安全、爱情、家庭、理财、居家、休假；

⑨经营理念：发自内心的喜欢高于一切；

⑩经营目标：量力而行地满足民生需求；优秀的细节管理；

⑪经营标准：品质优、功能强、时尚、科技；

⑫运营系统：科学、健康；

⑬商品：品质优、功能强、时尚、科技、价格合理、无暴利；

⑭环境：安全、品质、方便、文明；

⑮人员：净心、真诚、热情、专业；

⑯服务：公平、个性、专业、主动。

针对这16条内容，每一条都有详细的解释。例如，胖东来的属性是学校。

为什么胖东来要做学校呢？《胖东来文化理念手册》里的解释如下：

"胖东来"存在的意义和价值不只是为了做企业、满足自己的生存需求，而是通过企业的载体和平台，像学校一样量力而行地分享、传播与践行先进的文化理念和先进的生活方法。

一方面希望引导每个胖东来人养成智慧与富有创造性的思维习惯，懂得净心专注地做自己喜欢的事，学习和感悟生活与生命的道理，懂得创造和享受时光的美好；逐步地用科学理性的方法改变奴性，培养健全的人格，成就阳光个性的生命!

另一方面希望像学校一样，为社会提供一种健康、公平、真诚的经营模式，建立和完成一个科学的，涵盖文化、体制、标准、系统的运营体系样板，引领和推动社会向更加美好的方向进步，启迪和带动更多企业走向更加健康、有品质、轻松、自由、幸福的企业状态与生命状态，让城市更美好、让社会更美好、让人类更美好!

以上这段话非常清晰地解释了为什么胖东来要成为一所学校，以及怎么让自己成为一所学校。学校是传递先进知识和理念的地方，胖东来希望像学校一样分享、传播与践行先进的文化理念和先进的生活方法。

理解了胖东来文化中学校的这个属性，我们就很容易理解为什么现在胖东来愿意拿出时间来帮扶像永辉、步步高这样的兄弟企业，也愿意把自己这么多年来总结的"商业秘密"分享给大家，因为学校就是毫无保留地分享，倾囊相授，你应该没有见过哪个学校教学生的时候还有所保留。分享先进的理念和生活方法，这就是胖东来的文化之一。

那具体要怎么做呢？胖东来也做了详细的说明。教别人首先自己要做好。因此，每个胖东来人都要养成智慧和富有创造性的思维习惯，要净心专注做事，改变奴性，培养健全的人格。

作为普通员工，看到胖东来文化中这样的表述，就应该知道自己要怎么做。在企业层面，企业不给员工设置KPI指标，不逼着员工加班；在同行业中，胖东来的员工有高工资、高福利，有良好的内部培训，员工工作受人尊敬，这一切也都是为了让胖东来人可以按照企业文化的要求，成为一个有独立思考、有智慧、摆脱奴性的人。

作为企业管理层和领导者，胖东来也告诉他们怎么样做才能跟企业一起共建这所学校：一方面，要提供一种健康、真诚的经营模式和运营体系样板，有了这个样板，其他企业就能学习和模仿；另一方面，要引领和推动社会向更美好的方向进步。怎么才叫推动社会向更美好的方向进步？例如，善待员工，服务顾客，真诚解决工作中遇到的问题，勇于承担企业社会责任，包括前面提到的分享优秀的管理经验、运营体系，这都是在推动社会进步。这样做的目的是什么呢？这就是启迪带动更多企业变得更健康、更自由、更轻松、更幸福、更有品质，每个企业都好了，整个城市、整个社会、整个人类才会更美好。

胖东来的企业文化跟员工价值观高度统一

看起来，胖东来的文化很复杂，但概括起来，也不过就是3个字：真、善、美。真诚面对自己，真诚面对顾客，真诚面对生活；善良勇敢，摆脱奴性，追求阳光、美好、自由、公平的生活；最后，不断完善自己，推动社会和人类变得更美好。

很显然，这种文化理念跟绝大多数人的价值观是相符的，员工接受这种文化并不困难。2011年，于东来在"谈谈我们的文化"中说了如下的话：

就像做人一样，你不管怎样去装扮自己，还是要回归你赤裸裸的本性。你是什么样的性格，你心里是怎么想的，你就真实地表示。人来到这个世间的时候是纯净的，从明白道理的那一刻起，就开始不断地修正自己、寻找自己。这不仅仅指的是身体，更重要的是心灵。明白这些，那还有什么困难与苦恼不能解决呢？像孩子一样纯真，想说就说，没有任何利益的诱惑，他们总可以真实简单地表达自己的内心感受，而不是压抑或受外界的影响驱使，这就是纯真与幸福。

到最后总归还是要沉下来，脚踏实地地去做好每一件事情，充分分享每一个过程带给我们的快乐，不管是什么样的环境，有钱没钱、有权没权，但是我们最终的目的还是要找到幸福。

在胖东来，这种大白话式的文化阐述非常多。文化是个复杂的概念，但对文化的阐述可以很简单。对于员工来说，很多人可能听不懂文化理念，但是如果管理层能把文化阐释清楚，员工就容易产生共鸣。

就像上面于东来说的这段话，什么叫真诚？什么叫净心工作？就是回归本性，你是什么样的性格，你心里是怎么想的，你就真实地表示，不用压抑，也不用伪装。例如，你看到一个老大娘来买东西，你看到她想到了自己的老母亲，从本性上说，你是不是想放下手边的工作去扶她一把？你想到这些，然后去做，这就是真诚，就是不违背本心。

前面提到胖东来新乡百货的保洁员王锡芳的案例，她扶老大娘去洗手间，帮她把裤子脱掉，等她方便完之后，帮她擦屁股，然后帮她穿好裤子，再把她扶出来。[1]这些举动是公司要求的吗？做了这些王锡芳能多拿工资吗？都不是，王锡芳只是从自己的本性出发去做事，就像王锡芳跟老大娘说的："你就把我当成你的亲女儿。"

这恰恰是胖东来最厉害的地方。别的企业做服务，企业规定有"标准动作"，什么情况下应该怎么做，员工照章办事就好，而胖东来的服务员是在企业文化的指引下做服务，是凭着价值观、本性和信念在做服务，一个是用脑在做服务，一个是用心在做服务，你说最终的结果会不会有很大的区别？

胖东来的企业文化很接地气

为了保证员工理解企业文化，胖东来把企业文化变成一个个小故事，通过故事让员工理解遇到问题时到底应该秉持什么样的理念，该怎么处理。因此，谈到胖东来的

---

1. 胖东来官网"胖东来故事手册（一）"，《平凡创造感动》，新乡百货赵新平。

文化，真正厉害的还不是官方的《胖东来文化理念手册》，而是胖东来内部整理的员工故事集，包括"胖东来故事手册（一）""胖东来故事手册（二）""新乡故事手册—致敬逆行者""爱的路上释放温暖和力量"等。

在这些故事集中，文章的作者大部分是胖东来员工，也有一些故事的作者是胖东来的消费者。例如，《一袋果仁薄饼》这篇文章的作者是面包房的张绍卓，《四两荞麦面》这篇文章的作者是顾客郭宝玉，《因为爱，所以忘记》这篇文章的作者是禹州市教育局的许朝军。

我们可以通过下面这两个故事，了解一下这些故事集到底写了什么内容，为什么说这些故事特别接地气，它们又对传播胖东来的企业文化起到了什么作用。

首先是顾客郭宝玉《四两荞麦面》[1]的故事，这个故事在胖东来内部非常有名，很多员工受到这个故事的影响。

顾客郭宝玉是许昌县的一名高中老师，因为母亲生病，配药需要四两荞麦面。

七月中旬的一天，下着雨，他顶风冒雨几乎跑遍了许昌市区大街小巷所有粮油店，但都没有找到荞麦面。到了中午，几乎绝望的郭宝玉路过火车站附近的胖东来量贩，他抱着试试看的念头直奔粮油经营处，一问也没有。当时郭宝玉像泄了气的皮球，心情低落了极点。胖东来的店员了解了郭宝玉买荞麦面的用途后，请他把自己的需求写在意见簿上。郭宝玉一听就着急了，自己是来买东西的，哪有时间提意见啊。营业员笑容满面地说让他写上，说他们领导每天都会看，对所有问题都认真处理。抱着试试看的想法，郭宝玉写下了自己想要的商品，还留了姓名和电话。

第二天下午五点，胖东来量贩打来了电话，六点左右，两位胖东来的工作人员就送来了一袋荞麦面。真是"踏破铁鞋无觅处，得来全不费工夫"。郭宝玉感动极

---

1. 胖东来官网"胖东来故事手册（一）"，《四两荞麦面》，顾客郭宝玉。

了，又是切瓜又是倒茶，但都被对方婉拒了，郭宝玉赶紧拿钱出来，对方也不要，只是说，"大娘有病，这是我们应该做的，一点荞麦面不用付钱了，还需要啥尽管说，我们能帮忙的一定帮忙！"

郭宝玉看着那一袋送上门的荞麦面，不由得眼泪就流了下来。他当时登记要买一斤荞麦面，可是他觉得这些远不止一斤，拿秤一称，整四斤！

这个故事非常简短，内容也比较简单，就是服务员想尽办法满足顾客需求，让顾客满意的故事。总结一下，这个故事中，胖东来的服务员做了3件事：第一，让顾客登记需求，认真处理顾客的问题；第二，有求必应，时隔一天送来顾客求购的荞麦面；第三，没收顾客的钱，顾客要一斤，给送了四斤。

换位思考一下，如果你是这位顾客，遇到胖东来这样的服务，你是什么感受？相信你会非常感动，甚至有些人看到这个故事就会流下眼泪。现在的商家谁会这么重视这样一件小事，谁会专门派人采购还给送到家里？谁会免费把东西送人？

胖东来的员工看到这个故事会怎么想呢？首先，这个故事有示范作用，原来可以这样处理问题以满足客户的需求，下次自己遇到同类问题的时候，也可以像故事中的胖东来服务员那样做；其次，这个故事非常有感染力，员工会被这个故事感动，这种感动也让员工更加认可胖东来的文化和价值观。

第二个故事是面包房张绍卓的《一袋果仁薄饼》[1]，这个故事跟前面《四两荞麦面》的故事相呼应，也非常有代表性。

四月中旬的一天，面包房的张绍卓接待了一位60多岁的老人，据老人描述，他想买一袋很薄的饼干，上面黏着花生、瓜子、葡萄干等。听了老人的话，张绍卓很为难，因为这是店里最近推出的新产品，但因为原料供应的问题，暂时不能生产

---

1. 胖东来官网"胖东来故事手册（一）"，《一袋果仁薄饼》，面包房张绍卓。

了。他把停产的原因如实告诉了老人。老人听了之后感到很遗憾，因为他上次买了一袋这种薄饼干给家里的老母亲吃过，老母亲非常喜欢，所以特意交代他，一定要再买点回去。老母亲今年90多岁了，啥都不想吃，就吃着这个对味。说着，老人眼泪在眼眶里直打转。

听完老人的话，张绍卓心里很不是滋味。他一边安慰老人别着急，一边紧急给供应商打电话沟通。正巧，供应商那边刚到了一批原料，听到这个情况，火速就派人骑摩托车把原料送了过来。这边，店里的师傅赶忙打鸡蛋、制糊、推盘、焙烤，不大一会工夫，薄饼干就做好了，张绍卓给老人装了满满两大袋。

这时候，张绍卓想到之前看过的《四两荞麦面》的故事，所以，他来到收银台，自己掏钱帮老人付了账。老人拿到薄饼后老泪纵横，哽咽着说："还是胖东来中（好）啊！"

这同样是满足顾客的需求的故事。老人希望给90岁的老母亲买一袋果仁薄饼，但恰好店里缺货。为了满足老人的需求，胖东来临时调原料，现场加工。从经营上看，这笔生意是很不划算的，很可能还是赔钱的，但对老人来说，这两袋果仁薄饼实在太珍贵了，它们是专门为老人定制的。

有意思的是，在这个故事中，张绍卓提到他受到《四两荞麦面》这个故事的影响，所以在收银台，他帮老人付了账，相当于免费把两袋薄饼送给了老人。《四两荞麦面》的故事其实代表了胖东来的服务文化，也就是张绍卓在文章中提到的"用真心去感动、服务每位顾客"。当这种文化不是通过抽象的语言，而是通过具体故事传播的时候，它的示范作用就会更明显，员工遇到相似情况的时候，就会不由自主地想起这个故事，并模仿故事中的方法去做。

可以想象，看过这些故事的胖东来员工，或多或少都受到这些故事中所蕴含的文化的影响。在工作中，他们会不自觉地参照这些故事中的人物的行事标准去要求自己，这就是文化潜移默化的影响力。借助这些故事，胖东来的文化也变得更加落地，更加接地气，也更容易被普通员工接受并效仿。

从场域文化、价值文化到文化认同，胖东来真的懂文化

逛过胖东来的人都会觉得胖东来跟其他超市有点不一样。不一样在哪？不是在装修上，也不是在商品上，而是在文化上。例如，胖东来对待顾客和参访者的态度、胖东来处理突发事件的方法等，这些东西无不体现着胖东来独特的文化。

除了在卖场这个场域中，胖东来的员工在社会上、在家庭中，也通过自己的行为体现着特定的文化内涵。胖东来经常走出去帮扶其他商超企业，一方面胖东来在这个过程中会输出自己的方法和管理体系，另一方面，胖东来也会输出自己的文化，通过这种方式，胖东来的经营理念、员工的精神风貌也影响了这些兄弟企业。

从更深远的角度来看，胖东来的文化也影响着消费者群体。很多人逛过胖东来之后深受触动，他们认同胖东来的文化，也在自己的企业或者自己身边推广这种文化。这又形成了一种文化认同。

从场域文化到应用在生活中的价值文化，再到影响周围人的文化，胖东来的文化像涟漪一样，一圈圈扩散开来。

胖东来打造的场域文化

卖场是销售商品的场所，也是服务人员和顾客发生互动的场所。很多服务企业奉行"顾客至上"的理念，但在胖东来的卖场，服务员和顾客是平等的关系，服务员为顾客提供便利，顾客也需要对服务人员保持尊重。这一点充分体现了胖东来文化中反复提到的"培养健全的人格，成就阳光个性的生命"。

关于服务与尊重的平衡，胖东来官网"胖东来故事手册（一）"中记录了这样一个故事。

一瓶可乐

作者：超市部赵永祥

编者的话：在我们的服务工作中，会遇到这样那样的一些情况，怎样处理好？下面几位兄弟姐妹所写的服务案例，会给大家一些启迪。

一天中午，天气非常炎热，一位男顾客手里拿着一瓶矿泉水准备进入卖场，我们的员工告诉他：你好！商场有规定，进入卖场不能自带商品，可以免费寄存。"天这么热，喝瓶水也这么麻烦，不喝了！"当时顾客有些生气，随手将水扔进了垃圾桶，这一幕正好被我们烟酒部的经理看见了，当这位顾客购买商品出来时，烟酒部经理在出口处将一瓶冰冻可乐送给了他，并真诚地向他道歉："对不起，刚才我们的服务没做好，请您原谅。"顾客当时很感动，非常高兴地离去了。

真诚是服务的法宝。在点滴细节中体现我们的真诚，超越顾客的期望，就能让顾客满意！

这个故事中，有一个非常有意思的细节，烟酒部经理最后对顾客说的那句话"对不起，刚才我们的服务没做好，请您原谅"。到底是什么意思？是说员工阻止顾客带饮料进入卖场不对吗？还是无原则地跟顾客道歉呢？为什么最后顾客会

"很感动"？

假设你就是这位顾客，带饮料被服务人员拦下，多少面子上有些过不去，但其实你内心知道，卖场的这个规定也不是无理要求。因此，故事里这位男顾客抱怨了一句，还是把饮料扔掉了，没有带进卖场。然而，发生了这件事，他的心里多少有些不痛快。这时候，经理用了一种巧妙的处理办法。首先，他在出口处免费送了顾客一瓶冰饮料，这既顾及了顾客的面子，也没有违背商场的规定；其次，他所说的服务没有做好并不是批评坚守原则的服务员，而是对没有让顾客100%满意而道歉。

这个顾客刚开始还有点怨气，但是胖东来这样处理问题，反而显得自己刚才的举动有点冒失。同时，胖东来赔了不是，也给了他一个台阶下，因此他会很感动，最后很高兴地离开了。

同样是把危机转化成机会，胖东来官网"胖东来故事手册（一）"中的这个故事也很有代表性。

一台电视机

作者：新乡电器部

2006年新乡胖东来百货刚开业不久，一位顾客在我们电器部相中了一台电视机，购买时营业员说有货，协助顾客办理了购买手续，并向顾客承诺24小时内送货上门。顾客到家后接到电话得知，这种型号的电视机卖完没货了，电器部要求顾客换一种型号的电视机。结果过了24小时，货也没送到。顾客非常生气地打车到胖东来百货。我们的值班人员接待后说马上送货，并对顾客说按规定可以赔偿100元损失费，顾客很不满意。最后电器部经理了解情况后登门道歉，无条件地免费把电视机送给这位顾客，并多送了4套保暖内衣。

于总说：我们应该把心掏出来，方方面面地为顾客着想，来一个顾客温暖一个顾客，以心换心，才能赢得顾客的信任，才能征服顾客的心!

这个故事听起来很不可思议，一个送货延迟的问题，至于付出这么大的代价吗？再说了，这位不依不饶的顾客是不是有点无理取闹？

站在商家的立场，的确会有这样的感觉：顾客有点难缠，顾客的要求有点过分，把电视机白送给顾客还额外送礼品损失有点大。然而，站在顾客的立场，这些要求也不算过分，毕竟当时承诺了24小时送货上门，中间经历了断货换型号，等了24时还是没有送到等波折。

如果胖东来是一家没有文化基因的企业，它一定不会选择现在这样的处理方式，正是因为有文化价值观的指引，胖东来选择补偿客户，妥善解决了这个问题。就像最后一段话说的那样，"应该把心掏出来，方方面面地为顾客着想，来一个顾客温暖一个顾客，以心换心，才能赢得顾客的信任，才能征服顾客的心。"

胖东来的价值文化是场域文化的延伸

当然，胖东来的文化并不局限在卖场这一个场域中，员工在日常生活中也在践行胖东来的文化。也就是说，胖东来的员工真正理解并认可了这种文化，并把它贯彻到了生活的方方面面。

例如下面这个故事，是餐饮部的李保伟救助了一位出车祸的大哥的故事[1]，支撑他这样做的，除了心底的善良，还有胖东来一直提倡的温暖和爱的文化。

2019年5月的一天，大胖餐饮部的员工李保伟下班后路过平原桥附近时，远远看到

---

1. 胖东来官网"爱的路上释放温暖的力量"，《勇敢的底气》，餐饮部李亚飞。

路中间躺着一个人，这个人被摩托车压着，可周围人来人往却没有一个人敢去帮忙。

李保伟停下车子，走近一看，发现摩托车下面压着一位醉酒的大哥。他二话不说，立马将摩托车挪开，仔细检查这位大哥的身体情况。经过检查，李保伟发现倒地的大哥身体应该并无大碍，只是因为醉酒，意识不太清醒。出于安全考虑，李保伟打开手机闪光灯，方便大家路过时能注意到这里。醉酒的大哥语无伦次，也说不清自己家庭的住址。后来，几位大爷跟李保伟一起，从醉酒大哥身上找到了手机，与大哥的家人取得了联系。然后大家合力把醉酒大哥和倒地的摩托车转移到了安全的地方，帮完忙后其他人先离开了，李保伟一直陪着大哥等他的家人过来后才离开。

回忆当时救人的时刻，李保伟说，他之所以敢这样做，是因为他受到前两天看到的东来哥的随笔的鼓舞，东来哥的几句话给了他勇敢的底气。三天前，也就是2019年4月30日，于东来发布了一条随笔，他说，"每一个胖东来人如果在街上刚好遇到需要救援的人，如果自己有时间，在保护好自己的同时，要勇敢地去帮助他们，即便被误解和冤枉，公司也一定不会让你失望或遭受损失……我们努力让社会多些温暖和爱的力量！"

按说下了班之后，员工脱掉工服，跟胖东来就没什么关系了，但大家被胖东来的文化影响，不管在单位内还是单位外，都保持统一的价值观和行为模式，这就是文化的场域延伸。

借助这种故事，胖东来的文化在企业内部传播、扩散，更多的人开始思考自己待人接物、为人处世的方法，企业文化潜移默化地影响着一个人的价值观。下面这个故事中，新乡胖东来百货的陈修昆通过一件事思考了胖东来的文化，他发现自己学到了很多意想不到的东西[1]。

---

1. 胖东来官网"胖东来故事手册（一）"，《做一个好人》，新乡百货陈修昆。

新乡胖东来百货部的陈修昆在单位门口看到一张很大的感谢信，信中说，新乡胖东来服装部的两名员工在路上遇到一位出车祸的老大娘，她们及时把老大娘送到了医院，还照顾了老大娘一下午，直到老大娘家人赶来。看到这封信，陈修昆心潮起伏，他就在想，现实社会中真有这种人吗？万一老大娘的家人讹这两个女孩怎么办？

因为想不通，陈修昆当天晚上跟老同学打电话时提起了这个事，他问老同学遇到这种事会不会这样做，老同学想都没想就说，肯定不会啊，大不了帮忙拨打120。

老同学的话引发了陈修昆的思考，要是放在半年前，陈修昆也不会多想，毕竟谁都不希望因为帮助别人惹上麻烦。但是在胖东来工作的半年时间里，他对"吃亏"二字有了更深刻的认识，舍弃时间和金钱照顾素不相识的老大娘，这就是一种舍得。遇事抱着吃亏的态度，不急功近利，从小事做起，这恰恰是公司的文化理念。

想明白这些，陈修昆觉得豁然开朗，"要想做好你的人，就得走好你的道（路）"，他觉得胖东来就是教自己走好路的人，以及在岔路口如何选择。只要坦坦荡荡地走，这条路一定会越走越宽。

以上两个故事只是胖东来人践行企业文化理念的一个缩影，这也代表了胖东来提倡的价值文化——不管是在工作还是在生活中，都可以选择做一个好人，一个对社会有价值的人，一个传播先进理念和生活方式的人。

关于胖东来的文化认同

如果企业文化只是某个企业自说自话，自我陶醉，那么这种文化就起不到应有的作用。真正厉害的文化，一定是能得到各方认同的文化，例如员工的认同、顾客的认同、各种利益相关者的认同、社会的认同等。文化认同有利于企业文化在内外部的传播，也有利于企业在公众心中留下独特的心智烙印。

下面在《编外"导购"》[1]这个故事中，胖东来的顾客成了编外"导购"。其实，不止故事里的这位大姐，很多许昌和新乡的市民都是胖东来的编外"导购"。另外在网络上，很多人也成了胖东来文化的拥护者，如果有人说胖东来不好，底下评论区一定有大量的人留言，维护胖东来，这些人也成了胖东来的编外"宣传员"。

六月的一天，珠宝部李娜接待了一位大姐，这位大姐来柜台买黄金项链，她来来回回试了十几条也没拿定主意。大姐感觉有点不好意思，李娜忙拿了瓶水给她，说："姐，先喝瓶水，别着急，这么贵重的东西，当然应该慢慢挑选。我帮你选好吗？"最后，大姐在李娜的推荐下，买了一条项链，她对价格、款式都非常满意。

按说这件事到这里就结束了，正巧这时候来了一位操外地口音的大妇，他们询问李娜拉杆箱在什么地方卖。李娜告诉他们在三楼，这对夫妇有点为难地询问，能不能有人带他们去。他们这句话正好被刚刚买项链的大姐听到，大姐热情地说，"我带你们去吧，我经常在这里买东西，对这里很熟悉。"大姐一边走，还一边给这对夫妇介绍沿途的环境和商品。

李娜再看到这对外地夫妇是一个小时以后，她发现他们不但买了拉杆箱还买了一购物车的土特产和食品。原来刚才那位大姐一直在当他们的向导，他们被大姐的热情打动了，决定买一些特产带给家里的亲戚朋友。这对夫妇感慨地说："你们胖东来服务太好了，连顾客都成了你们促销员……等你们到我们湖南长沙开连锁店时，我一定会天天光顾！"

---

1. 胖东来官网"胖东来故事手册（一）"，《编外"导购"》，珠宝部李娜。

为什么当地顾客愿意宣传胖东来，主要有两点原因。第一，这说明当地的顾客对胖东来有好感。为什么有好感？显然，他们接受过胖东来优质的服务，认可胖东来的服务理念，并认同胖东来的价值观，有共鸣。第二，这也体现了当地老百姓的自豪感，觉得胖东来是自己身边的企业，胖东来被认可，就好像自己被认可一样。以上这两点，其实都是一种文化的认同感。

提到胖东来文化的影响，有人说这是"一个超市影响了一座城"。餐饮部杨亚丽记录了下面这个故事，从另外一个角度体现了人们对胖东来文化的认同。这种认同不只是停留在表面上的"赞赏""好感"，更上升到了行动层面。

有一天，广场餐饮部杨亚丽被通知早上7点半到人民电影院学习，可走到半路上，自己的摩托车出了意外，她只能打车去。刚拦了一辆车坐上去，杨亚丽就觉得不对劲，因为刚才换工装比较着急，忘记带钱了，所以她很不好意思，准备下车。出租车司机好像察觉到了，便说，"我看到你们的人已经过去十几分钟了，这几块钱以后见了面再给也没关系。"司机边说边开动了车子。

杨亚丽连声说谢谢，司机说，谢啥谢，这还不是跟你们胖东来学的，受你们的影响。

听到这里，杨亚丽非常感慨，她也不知道胖东来的哪位员工做了什么事，居然让这位司机有这样的信任和感触。但她相信，无论现在还是将来，都有无数的眼睛关注着胖东来，所以自己的服务一刻也不能松懈。

总结一下，为什么说胖东来真的懂文化，不是说它提出了多么高深的文化理念，而是它真的把文化跟经营的实际情况结合，保证员工听得懂，学得会，愿意接纳，而且这种文化像水波一样，从最中心扩散开去，从胖东来的卖场扩散到员工生活的各种场景，再扩散到社会的各个角落。传播先进的文化理念，推动企业和社会变得更美好，这也符合胖东来作为一所学校的定位。

胖东来启示录6：如何学习胖东来打造自己的企业文化

有人说，企业文化像水，看起来无色无味，毫无存在感，实际上却渗透在各个方面，有不可替代的作用。以胖东来为例，大部分顾客可能不清楚胖东来文化到底是什么，但是在购物的过程中，在与服务员打交道的过程中，几乎所有人都可以感觉到，这是一家有鲜明企业文化的公司，很与众不同。

现在很多人学习胖东来，觉得胖东来文化是最难模仿的，理由是胖东来文化是"舍得"的文化，老板舍得分钱，老板舍得"宠顾客"，老板舍得回馈社会。如果学习胖东来的企业家达不到这种格局，其他边边角角的文化学得再像也没有学到精髓。

"舍得""奉献""分享""传播美好"这都是胖东来文化的标签，但说白了，这些也都是一些表象的东西，舍得分钱的老板很多，但是像胖东来这样，有这么完备的企业文化的并不多。学习胖东来搭建企业文化，除了表象的这些东西，更应该学习胖东来文化体系搭建的过程。

从世界观和价值观开始，打好企业文化的根基

为什么胖东来舍得分钱，愿意分享？还是跟企业文化中的世界观、价值观有

关。每个人都有自己的世界观和价值观，尤其是企业的创始人和领导者，他对世界的看法、对价值的判断会深刻影响企业的文化。

世界观和价值观没有绝对的对错之分，也没有高下之别，最重要的是真正坚守这些底层逻辑，并用它们来指导自己的工作。例如，于东来认为宇宙浩瀚，生命短暂，所以塑造了分享、传播美好的企业文化。也许有的企业家认为世事无常，于是奉行活在当下，享受人生的理念，这其实也没有错。

胖东来把自己当作一所学校去传播先进的方法和理念，这跟它的价值观是相符的。相对应地，有些企业家也可以选择去创造优质的产品，带给人美好的生活享受，这跟他的价值观也是相符的。

我们学习胖东来文化，应该学的是形成胖东来文化的机制，而不一定是胖东来文化本身。有的老板不认可"分享""奉献"这种理念，你非让他按胖东来的方法，把大部分利润分给员工，鼓励员工成就阳光个性的生命，这个企业肯定会很矛盾，其企业文化也很难落地。企业在建设文化体系的时候，还是要结合自身的情况，实事求是，量力而行，切不可因为别人都夸赞胖东来的文化，就把它照搬到自己的企业中，这肯定是不行的。

对很多民营企业来说，企业领导人的世界观和价值观对企业文化的形成有决定性作用。在总结自己的世界观和价值观时，也需要考虑到社会公序良俗和文化、价值潮流，适当做出一些修正。例如，有的老板认为这个世界就是充满竞争的，弱肉强食、适者生存，所以提倡狼性的企业文化。认为世界充满竞争，提倡狼性文化，这没什么问题，但是也要把握一个度，如果这种竞争变成了"内卷"，这种狼性文化变成盲目的目标导向——为了实现目标可以不择手段，那么企业文化就会失控。企业领导人在梳理自己的世界观和价值观时，尤其要注意这一点。

从营商文化到价值文化，保证文化的统一性

在构建企业文化时，最忌讳当面说一套，背地做一套。例如，开会的时候，老板提倡要有团队合作精神，要营造家庭般文化氛围。然而，一遇到问题，就搞团队竞争、末位淘汰，这样的企业文化只会让员工迷茫，不知道何去何从。

另外，很多企业的员工，在企业是一个样，下了班脱掉工服又是另外一个样，这其实很有问题。在不同文化间切换只能证明员工把某种场景下的"文化"当成了规则，并没有从心底真正接受它。例如某银行的员工，在银行工作期间对客户笑脸相迎，客户有什么问题自己都能耐心解答，可是一旦离开单位就非常没有耐心，对人对事都非常粗鲁冒失。这只能说明，他在上班时所谓笑脸相迎、所谓耐心解答都是为了应付工作装出来的，并不是他接受了企业文化后的自然反应。

可能有人会觉得，这样的标准对员工来说是不是太高了，难道接受了某种文化的员工就不能发脾气吗？就不能有自己的个性吗？难道胖东来的员工就是圣人，永远表里如一吗？

文化具有一种润物细无声的影响力。显然，接受了某种文化并不能使一个人立刻出现脱胎换骨的变化，这不现实。因此企业的文化想要真正发挥作用，一定要持续地影响一个人，不但能在工作的场景下影响他，也能在生活场景下影响他。这其实也是胖东来在文化建设上很值得借鉴的地方——把营商文化（工作场景下的文化）和价值文化（生活场景下的文化）结合起来，保证文化理念的一致性，如传播爱，成就自己也成就别人；摆脱奴性，推动社会美好等。

做好文化的落地、传播

不能落地的企业文化就是一堆废纸。什么叫文化落地？其实就是简单的3个

词：知道、理解、应用——员工要知道企业文化有什么（What），要明白为什么
有这样的企业文化（Why），要知道自己应该怎么做（How）。

第一步，让员工知道企业文化有什么，也就是企业文化的内容。

一方面要保证文化理念方面相关资料的简要性和体系化。简要性就是不能太
复杂，不能抛给员工几万字的企业文化资料让他学习，这不现实。体系化就是不
能太零碎，企业文化要有层次感、关联性，不能今天讲一个东西，明天讲另一个
东西，更不能一会儿说这样做是对的，一会儿又说那样做是对的。另一方面，要
保证企业内部信息系统的顺畅性，要让员工及时准确地接触到各种涉及企业文化
的资料、信息、物料等，要保证传达到位。

第二步，让员工明白为什么有这样的企业文化，也就是企业文化的内在逻辑。

以胖东来为例，为什么为了满足顾客宁肯牺牲企业利益？像这样的问题，如
果不解释清楚，员工会不理解，不理解就不会执行。为什么呢？因为胖东来的使
命并不是赚更多的钱，而是要探索好的经营模式，传播美好的理念。只有让顾客
满意，才能真正赢得顾客的心。

为什么胖东来要给员工发高工资？因为高工资可以让员工没有后顾之忧，可
以使其净心开展工作，而且财富也是员工参与创造的，员工借助财富享受生活才
能更好地投入工作。

在胖东来的文化体系中，小到每一句话、每一个理念都有相应的解释，而且
除了这种文字资料的解释，胖东来班组内部、各门店、整个集团也会通过会议、
内部分享、讨论等让员工明白到底为什么要树立这样的企业文化，这样的文化跟
每个人的关系又是什么样的。

第三步，让员工明白应该怎么做，也就是企业文化的贯彻执行。

　　每个企业所处的行业不同，员工的背景不同，所以企业文化的贯彻执行方法也会不一样。胖东来的员工大都是一线基层员工，本身年纪小，学历不高，社会阅历也比较少。对于这样的员工，像故事手册、短视频、图文分享这种形式就比较合适。

　　有的企业的员工学历高，阅历比较丰富。对于这样的员工，在贯彻企业文化的时候，也可以采用研讨会、读书会、户外拓展训练、征文比赛、演讲比赛等形式。

　　总结一下，打造企业文化其实就是三个方面的工作：一是从世界观和价值观开始，打好企业文化的根基；二是从工作到生活，要有统一性，能持续地影响一个人；三是文化的落地和传播。要让企业文化言之有物，也要让企业文化落地生根。

　　企业文化是企业的无形资产，过去很多人认为企业文化看不见、摸不着，是可有可无的，但现在越来越多的人认识到企业文化的价值。尤其对于像胖东来这样快速膨胀、高速发展的企业来说，在企业内部，企业文化可以保证企业发展不脱轨、不变形；在企业外部，企业文化能帮助企业凝聚客户，获得价值认同。

　　有人说，学习胖东来，要先学企业文化。有了文化指引，一切都好学。也有人说，学习胖东来，企业文化要最后学，因为这学起来时间最长，也最难学。这两种观点都有道理，但更准确的说法是，要把企业文化融入企业的内外部管理的"人、货、场"合并在一起学习，

　　在企业外部，要把企业文化和外部的人（顾客）结合，学会通过企业文化去影响顾客；要把企业文化和外部的货（商品）结合，考虑怎么结合企业文化去选品，做产品开发；要把企业文化和外部的场（场景）

结合，让顾客能通过场景感知到企业文化并形成对企业文化的认同。

在企业内部，要把企业文化和内部的人（员工）结合，学会用企业文化影响员工，改变员工的认知和行为；要把企业文化和内部的货（制度）结合，看看企业文化如何影响各种制度的制定，让制度有特色有温度；要把企业文化和文化体系建设结合，了解企业文化生成的机制和运行的一般原则。

文化可以是学习胖东来的"起点"，也可以是"终点"，但更好的做法其实是把文化变成学习胖东来的"锚点"，结合胖东来的企业文化理解胖东来在各个层面上的做法，这样的学习会让你更深刻地理解胖东来。

附录

十问胖东来

"

第1问：胖东来为什么走不出河南

关于胖东来，人们最喜欢问的一个问题就是"既然胖东来这么厉害，它为什么走不出河南？"

对于走出去这个问题，胖东来的创始人于东来有自己的回答。在河南电视台民生频道录制的一个短视频中，有人突然问于东来"到底会不会来郑州开店"，于东来笑着回答"这不已经来了吗？"在这里，于东来"偷换"了概念，他和胖东来的团队的确来到了郑州，但不是来郑州开店的，而是帮扶永辉超市在郑州的两家门店。

如果你关注新闻，你会发现，胖东来不只来了郑州，他还去了湖北、江西、湖南等地。于东来和胖东来的团队非常忙碌，各地的商超企业都希望把他们请去，给自己的企业支支招。

仔细想想，胖东来早就已经走出了河南，只是很多人还没有意识到。

首先，胖东来的知名度已经走出了河南。过去只有河南人知道胖东来，现在频繁上热搜，但凡关注零售业，你不可能不知道胖东来。

其次，胖东来的理念和标准走出了河南。在中国商业联合会与中华全国商业信息中心联合发布的《2023年度中国零售百强企业》名单上，排名第52位、销售额107亿元的胖东来却是很多排名更靠前的企业的"老师"，其中不乏一些上市公司，这些"学生"竟然用胖东来的标准改造自己的门店。

再次，胖东来的商品走出了河南。都说同行是冤家，现在情况正好相反，哪家超市能销售胖东来的货（胖东来自有品牌），简直比中了彩票还幸运，因为这就是客流量的保证。

最后，胖东来的品牌走出了河南。一系列组合拳打出去，现在胖东来已经妥妥是一个全国性品牌了，人们通过代购、线上商城疯狂抢购胖东来的商品。

也许你会说，这叫什么"走出河南"，这不还是没在外地开店吗？

假设你是胖东来的老板，你有两个选择：一个是在全国各地开很多门店，这个选择资金投入大，风险高，费心费力不说，成功的概率还低；另一个选择是待在家里，生意却做到了全国，这个选择基本上不需要投入什么资金，风险低，做起来也轻松，成功率还高。请问你会做哪个选择？你会因为别人的一句"走出河南真厉害"而选择更难、更有风险的那条路吗？

2022—2024年，是网上围绕胖东来能不能走出河南的讨论最热闹的这几年，胖东来的业绩实现了井喷式增长。2023年，胖东来销售业绩为107亿元，相较于2022年的70亿元[1]，增长了约53%，你觉得这种业绩的增长都是胖东来固守在河南的13家门店带来的吗？当然不是。没有外部市场的增量，仅仅靠许昌和新乡的市场，根本不可能实现这样的增长。

这才是胖东来的高明之处，从起点到终点有很多条路，要选的是对的那条路，而不是大家起哄架秧子让选的那条路。就超市行业来说，早年间选择走出去、在全国大开连锁店的品牌，最近这几年都或多或少遇到了问题，像永辉超市、步步高、盒马等，都正在回过头开始检视自己的问题。这个时候，还大谈"走出河南才是厉害"，显然是不合时宜的。

一想到增量，一想到市场扩张立即就想到开分店、开连锁店，这种思想其实已经落伍了。从宏观的角度来看，现在整个经济发展的模式已经从高速扩张

---

1. 职业零售网，《胖东来营收：2022 年营收 70 亿元，超市营收 31 亿元》，作者食业家，2023-11-03。

型向平稳深耕型转变，企业要做的恰恰是守住自己的根基，以低成本、低风险、稳扎稳打的方式向前进，而不是所谓"做大做强"的冒进，更不是不计后果的狂飙突进。

再回到开篇的问题，"既然胖东来这么厉害，它为什么走不出河南？"其实，提这个问题的人其假设和逻辑前提就错了。首先，胖东来已经"悄悄"走出了河南，而且走得很稳，很有成效；其次，"厉害"和"不走出河南"并不矛盾，用最小的代价获得最大的回报，这才是商业的真谛。

第2问：胖东来成功的真正秘诀是什么

有人说，胖东来在中国零售业一直是"神"般的存在。

人们夸赞胖东来，不是因为它的规模大，也不是因为它的业绩好，而是因为它做很多事都能做对，都能上热搜，都能获得老百姓的支持。例如给员工发高工资，对员工的人性化管理，不计成本地对顾客好，有社会责任感，商品有问题主动高额赔偿等。有人甚至觉得胖东来好得不真实，怎么可能这么多优点都集中到一家企业身上？怎么每次胖东来一出手都是"王炸"呢？

很多人说，胖东来成功是因为"大爱"的文化，因为有爱，所以每件事都能做好，因为带着爱心做事，所以每件事都能得到支持。

这种解释有情怀但没逻辑，有大爱的慈善机构也可能倒闭。"大爱"是锦上添花的事情，一家企业要运转，还需要有一个更核心的东西才对，这才是胖东来成功真正的秘诀。

这个秘诀其实也没什么神秘的，用一句话概括就是：理解变化的环境，并做出相应的应对。

例如说胖东来的服务，为什么胖东来有这么极致的服务？因为顾客的需求变了，过去顾客看重商品本身的价值，而现在顾客考虑的是商品带给自己的整体体验——既包括商品功能方面的体验，也包括购买、使用、售后等全过程的体验。胖东来帮顾客扫雪、不计成本地对顾客好、有问题高额赔偿等，这些都是在创造更好的整体体验。

例如说胖东来的高工资和对员工的人性化管理，为什么胖东来要这么做？因为员工变了，现在的员工很多是"90后""00后"，管理这些员工不能按过去管理"70后""80后"的办法了，不是领导训两句大家就会变得听话肯干。企业不仅需要满足员工物质和精神层面的需求，还需要有强大的企业文化并以此凝聚员工。胖东来很早就理解了这一点，所以在管理上既有制度层面的硬管理，也有文化层面的软管理。

再如胖东来的经营理念。胖东来不靠降价促销，也不靠广告卖货，不用大喇叭宣传，反而顾客盈门，为什么？因为现在整个社会的消费理念变了。现在的顾客不再有物质的匮乏感，不再贪便宜囤不需要的东西；另外，大家对各种促销套路和营销伎俩感到厌倦，而更在意品质和真诚。胖东来深刻理解了这个趋势，把精力放在商品和卖场而非那些花哨的东西上，这反而赢得了顾客的心。最近胖东来茶叶、珠宝银饰销售火爆，一号难求，也充分验证了这一点。

另外，像大家津津乐道的胖东来的社会捐款，胖东来利他的企业文化理念，胖东来欢迎同行参观，胖东来辅导兄弟门店等，这些做法表面上看是因为胖东来格局比较大，愿意帮助别人，实际上这背后也体现了某种趋势。过去企业追求股东利益最大化，老板自己赚钱就行，现在光追求自己的利益会举步维艰，企业要追求的是利益相关者权益最大化，说白了就是"企业发展大家受益"。谁是胖东来的利益相关者？员工、顾客、社会、供货商、外包公司、竞争对手、新闻媒体等。胖东来在发展中充分考虑了各利益相关方的利益，反过来，这些利益相关方也回馈胖东来，一起支持它的发展。因此，我们总能感觉到人人都在说胖东来的好话，人人都在帮胖东来做宣传。

不少人觉得胖东来的成功是玄学，是运气，是学不来的。网上也一直有一句论断，叫"胖东来你学不会"。其实，胖东来的成功对目前处于转型期的企业来说是有重大参考意义的。社会和经济发展模式在变，这必然造成各行业的重新洗牌，过去风生水起的企业可能突然就衰落了，过去默默无闻的企业可能异军突起，这背后是有规律的。这个规律总结成四个字，就是"与时俱进"。外界环境在变，企业也要跟着变。

主动求变就意味着"摸着石头过河"，没有谁能保证自己的每一步选择都是对的。胖东来的探索也不是都成功了，但这不影响它向着正确的方向迈进——对的保持下来并深化下去，错的及时纠偏止损，只要坚定地在这条路上走下去，不断迭代，一定是有好结果的。这就是胖东来成功的秘诀。

第3问：为什么胖东来不做广告、不打折

胖东来的成功颠覆了很多人的认知。在传统4P营销理论中，营销包括4个组成部分，分别是产品（Product）、渠道（Place）、价格（Price）和促销（Promotion）。其

中，促销又包括广告、公关、人员推销和营业推广（价格折扣）。

然而，胖东来不像传统商超企业那样关注促销，生意却好得不得了，这让人对促销的作用产生怀疑，真的有必要做广告吗？真的有必要打折吗？

严格来说，胖东来也有广告。你去逛胖东来，不管是在地下停车场、商场中庭，还是建筑外立面，你经常能够看到各种跟经营理念有关的标语，如"爱在胖东来""发自内心的喜爱高于一切""培养健全的人格，成就阳光个性的生命""做玻璃般透明的企业"等，这其实就是胖东来的广告。只不过，它卖的不是具体的商品，而是在"卖"它的理念和价值观。

胖东来也会打折，如换季打折。之前上了微博热搜的"胖东来一件羽绒服只赚3角钱"就是因为换季促销才降低了销售价格。除此之外，配合厂家新品上市、商品促销等，胖东来也会打折。另外，对于需要清仓的商品（如临期的食品、生鲜蔬果等），胖东来也会有不同程度的价格折扣。不过，胖东来没有什么全场折让、凑单满减这种活动。对于折扣商品，胖东来的处理也比较低调，没有大的打折商品堆头，也没有打折宣传海报、促销商品的宣传页等。

总之，胖东来给人的感觉是不太商业化的。对比现在一些线下超市或者线上平台动不动就是"全场低至3折""满100元减50元""满额赠礼""全年最大力度促销"等，胖东来很少使用这样的价格策略。另外，胖东来没有代言人，没有报纸、电视、户外、网络广告，也没有媒体合作、广告赞助等形式的营销手段。用网友的话来说："你买或不买，胖东来就在那里，稳如泰山。"

为什么要这么做呢？胖东来的创始人于东来曾说过一段话："胖东来最早的时候和大家也是一样的，但是十几年前我们就把促销活动、做海报都停止了，把精力都用在了正事上，不断地进行商品优化，以前是想尽办法找低价、能拉人气的商品，但是这样就会永远让我们迷失着，好的客户看了我们的商品就不会进来消费，因为你不值得信任。如果我们一直做促销活动，本身客户是不想占便宜的，但最终却培养了占便宜的状态，这样我们不是成就了顾客，而是害了我们的顾客。"[1]

这段话说得非常有水平，促销本来只是企业经营的一种手段，但很多商家过分依赖这种手段，把精力都放在上面，为什么呢？因为促销能让业绩来得快，而且能掩盖你的问题，你的商品力不够，你的服务不行，你的卖场不行，这些都不要紧，一降价促销顾客就来了，所有的问题都被掩盖了。促销还会让商家"上瘾"，每次一想到提升业绩就立即想到促销，所以很多商家干脆一年365天每天都在搞促销。

殊不知，促销也有两个根本性问题：第一，促销存在成本，例如人员成本、物料成本、广告成本等，频繁促销会使企业经营成本大幅增加；第二，顾客对促销逐渐"免疫"，久而久之顾客不再相信商品标价，只等到促销才会购买，而且促销力度必须比上一次更大才行，这种情况实际导致了一种恶性循环。对很多企业来说，成也促销，败也促销，最后自己栽倒在了自己挖的坑里。

广告也是一样，很多企业通过广告轰炸让顾客了解自己，快速扩大影响力。广告跟促销一样，能让业绩来得快，而且能掩盖你的问题。例如，曾经的"电视广告标王"靠砸广告一年内业绩翻几十倍。广告的问题跟促销的问题是一样的。广告费是一笔很大的开支，平摊到商品中，会拉低商品的整体优势。另外，过于密集的广告也让消费者"免疫"，广告的效益是递减的。

不关注广告，不关注促销，那要关注什么呢？像于东来说的，回到本源练内功，"把精力用在正事上"。什么是企业的正事？产品优化、商品陈列、卖场打

1. 胖东来官网"东来讲堂"，《【东来哥会议记录分享】联商学员第八课——成就幸福的团队，传播爱的美好》，2022-07-21。

造、与顾客沟通、售后服务等，这些都更值得做。做好这些事情不见得立即能对销售产生什么影响，但这是扎扎实实的内功，一年不见效，两年不见效……如果坚持做30年，效果就显现了。今天我们看到的胖东来，其实就是扎扎实实练了30年内功的结果。这就像一栋楼房，是扎扎实实打了地基，还是靠花架子，市场一检验就能检验出来，这是骗不了人的。

不依赖那些外部急功近利的东西，其实也是倒逼企业练真本事。有的企业靠网红带货，一夜间可以营收千万元，但是网红一走，生意便一落千丈。这其实也是把楼房建在了花架子上。想一想，如果没有网红带货，能不能靠自己赢得顾客。

练内功虽然慢，但是稳扎稳打。企业要想长期发展，就应该先从剥离那些让企业迷惑和上瘾的东西入手。

第4问：离开于东来，胖东来是不是就不行了

胖东来的火爆，跟它传奇般的创始人于东来不无关系。

于东来出生在河南许昌一个非常普通的家庭，他中学没上完就辍学了，因此按照现在很多媒体上的描述，他只有小学学历。于东来卖过雪糕，卖过电影票，当过工人，还在建筑工地搬过砖，后来在哥嫂的帮助下开了一家烟酒批发部。1992年，当时万元户都还比较少见，于东来却因为经营不善，欠下了30万元的巨额债务。好不容易重新张罗开店，没想到新店刚有些起色，又被人一把火给烧光了。

就是这样一个草根创业者，竟然慢慢摸索出了生意的门道，用将近30年的时间，从0元干到了100亿元。更重要的是，他在经营中总结出来的一些方法，如给员工发高工资，设立顾客投诉奖、员工委屈奖，推广自由和爱的文化，拟定各岗位实操手册等，不但获得同行的认可，还被一些学者当成商业案例进行研究。更让人感到意外的是，于东来还成了导师，去帮扶比胖东来规模大好几倍的上市公司，帮助它们走出困境。

不过这也引发了人们的一些担心，像这样的明星创业者，是不是企业离了他就不行了，再具体一点，离开了于东来的胖东来，会是什么样子呢？

的确，于东来是胖东来的灵魂人物。在胖东来的系列品牌名称中，"东来""DL[1]（东来二字拼音首字母缩写）"就来源于于东来的名字。现在，于东来已经比较少参与企业的管理和运营事务了。2023年6月16日，在杭州举办的一场会议中，于东来宣布退休。

于东来出生于1966年，2023年退休，还不到60岁。退休后的于东来做什么呢？

上次我们出去的时候，我说我退休了，然后把精力用在量力而行地去建设、传播生活的理念方面，企业经营80%的工作都放手了，在财务、后勤方面给他们做一些服务，在大的方面做一些监测，这样我觉得他们能更好地成长。[2]

退休后的于东来并没有闲着，人们发现他出现在永辉超市郑州门店，正在帮助永辉超市做调改（调整改革）。除此之外，他更多地参与行业内论坛会议，与零售业同行探讨交流，甚至他会专门拿出时间在抖音、小红书这些平台上录视频、做直播，跟网友交流创业和管理心得，解答大家的问题。

---

1. "东来"和"DL"是胖东来自有品牌的商标名称。
2. 大河报公众号，《太突然，胖东来董事长于东来，宣布退休》，2023-06-22。

看起来，于东来的"离开"并没有对胖东来造成冲击，相反，因为他更多地把时间放在"布道"和帮助同行上，这反而提升了胖东来的知名度，也为胖东来赢得更多口碑。相比2022年，2023年和2024年，胖东来登上网络热搜的频次大大增加了。

为什么于东来能这么潇洒地放手？道理很简单。

第一，过去30多年，胖东来建立了比较完善的实操手册和管理体系，不管是普通员工还是管理层，大家都可以照章工作，按规矩办事，新来的员工也能很快融入胖东来。于东来在不在，这个机器都能良好运转。

第二，于东来退休前已经培养了一支能打硬仗的干部队伍。胖东来帮助一些超市做调改，除了于东来本人，主要依靠的还有这支队伍。

第三，胖东来中长期发展规划比较清晰。胖东来通过投资设立中央厨房、物流中心，开通线上商城，开设新型旗舰店（2023年开业的胖东来天使城店是目前规模最大的旗舰店），出版与胖东来文化相关的图书，基本上完成了胖东来中长期发展的布局，进而大大降低了其未来发展的风险。

第四，调整股权结构，形成责权利比较平衡的股东和管理层结构。

正是因为有了这些准备工作和铺垫，于东来才可以这么轻松地面对退休问题。另外，他还提到了未来管理层轮替，不但他自己不是不可或缺的，未来的管理层到了一定年纪也都需要退下来。

胖东来在未来的发展过程当中，可能在10年后，胖东来的董事长及总经理到50岁，不管多大的能力都必须下来，基层的每个分公司经理只要到45岁必须要退下来。[1]

关于老板跟企业的关系，于东来有非常精辟的一段论述：

---

1. 大河报公众号，《太突然，胖东来董事长于东来，宣布退休》，2023-06-22。

老板一周的工作时间超过5个小时，这个老板就不正常了，为什么呢？因为你不放权，该下面做的事，你把它做了。当老板是干什么？是精神领袖。你是指方向的人，你怎么去做事呢？……你应该成为一个思想家……如果我们只是把自己当成一个企业家，没有思想，那么我们的企业应该往哪个方向走？怎么走？团队不成熟，企业能轻松吗？能幸福吗？能有未来吗？[1]

这是多么轻松自由的状态！

因此，别担心离开了于东来的胖东来会有问题。虽然谁也不敢保证未来一帆风顺，但你可以提前为未来做好打算，提前做好铺垫，这样的策略真值得广大创业者和企业家学习。

第5问：胖东来的清洁工能拿到50万元，是吹牛吗

2024年6月，于东来再次登上了热搜，这次又是跟工资有关。于东来在接受采访时表示，胖东来的保洁员，未来也能拿到30万~50万元的年薪[2]。消息一出，网络一片哗然，50万元年薪的保洁员，这真是大家连想都不敢想的事。

50万元年薪是什么概念呢？按月来算，一个月薪水要超过4万元才能拿到50万元，像河南许昌这种三线城市，普通人月薪可能也就3000~4000元。也就是说，胖东来保洁员能拿到10倍于许昌平均工资的薪水。这可能吗？还是说，于东来吹牛不打草稿？

---

1. 胖东来官网"东来讲堂"，《【东来哥会议记录分享】让生命开始觉醒，做一个有思想的人》，2023-11-29。
2. 中国网财经，《于东来称胖东来保洁员未来年薪也能达到30万元》，2024-06-05。

要搞清楚这件事，首先要看于东来说这句话的上下文，切不可断章取义。于东来并不是说胖东来的保洁员人人能拿到50万元年薪。他说这句话时，前半句是说，2024年，胖东来将重启岗位级别认证制度，（实现这个制度之后）即使最底层的保洁员，未来年薪也可能达到30万~50万元。

什么是岗位级别认证制度？简单理解就是任何一个岗位都能按专业度和表现分级。以保洁这个岗位为例，可能最低级别的保洁员只能拿到基本工资，例如一个月6000多元（胖东来保洁员基本工资水平），而最高级别的保洁员一个月工资可能有3万~4万元。当然，一个企业最高级别的保洁员数量可能不是很多，就好像金字塔，处于塔尖部分的人是非常少的。

很明显，这样做的目的是希望提升各个岗位员工的专业度和积极性。作为保洁员，你不用羡慕管理岗位，保洁做到最好，可能收入比部门经理都高，这完全有可能。因此，你就专心把自己的岗位要求研究明白，把工作做好、做透。如果在每个岗位上大家都有这种互相竞争比拼的热情，这个企业还能不好吗？

可能有人会说，保洁员有什么级别可分。就扫地来说，我多扫几遍，就擦桌子而言，我多擦几遍，这也没有什么难的啊！这样就能拿到50万元年薪，也太儿戏了吧。

这么说完全误解了胖东来对岗位级别的要求。胖东来的普通保洁员一般每个月能拿到6000多元，这个工资可不是白拿的，胖东来对保洁员有非常高的要求。以超市部保洁员为例，胖东来有专门的《超市部保洁实操标准》，这份标准一共有七章，188页。七章的内容分别如下：

第一章：应具备的能力；

第二章：岗位职责；

第三章：工作流程；

第四章：工作标准；

第五章：环境标准；

第六章：服务标准；

第七章：突发事件处理。

以第四章"工作标准"为例，这里头又包括五个小节，分别如下：

第一节：卫生清洁标准；

第二节：交接班标准；

第三节：仓库管理标准；

第四节：同材质的处理标准；

第五节：设备设施标准。

再进一步，在胖东来要达到什么样的卫生清洁员标准呢？不是简单地打扫干净就行。作为超市保洁，针对10个不同品类的清洁，要符合对应的标准。这10个品类是：卖场、仓库、电梯、卫生间、洗手台、地垫、员工之间、母婴室、拖把、垃圾桶。单单一个卖场卫生，又包括地面、地毯、通道、墙裙地边、地砖夹缝、橱窗、台阶、果蔬区、出货口、地面、柱子、造型柱、灭火器材、不锈钢包边柱、货架下不锈钢边、保洁柜、存包柜。每个地方对应不同的材质，要调配不同的清洁剂，使用不同的清洁工具，有不同的清洁方法和注意事项。

看到这些，你还觉得在胖东来当个保洁员很容易吗？这根本就不是普通保洁员干的事情，这是比专业保洁公司还要复杂的工作流程。想想看，如果一个保洁员真能达到最高级，即使在胖东来拿不到50万元年薪，她自己出去开保洁公司，也能赚到这么多钱。为什么？因为任何一个行业塔尖上的精英都是非常值钱的，保洁员是这样，理货员是这样，保安是这样，库管员也是这样，每个岗位做到行业顶尖水平，都值得这几十万元的年薪。

理解了这些，你还觉得胖东来要给保洁员发50万元年薪是吹牛吗？

换个角度来看，你也可以说胖东来在"吹牛""画大饼"，但胖东来厉害的地方就在于，它真的把过去"吹过的牛""画出来的饼"都变成了现实。要是放在几年前，谁敢相信开在许昌、新乡这种小地方的零售企业年销售额能破百亿元？谁敢相信一家线下卖场的普通员工能拿6000多元月薪，高管能拿百万元年薪。于东来之所以敢吹这个牛，源于其内心的笃定，虽然大家都在说，实体店必死，生意难做，但他却看到了真正的市场机会。

> 百亿元营业额也好，50万元年薪也好，钱不会凭空而来，说到底，价值创造收益，更大的价值带来更高的收益。因此，胖东来坚定地把心思放在如何提高商品价值，如何提高顾客获得的价值上。这才真正回归了商业的本质。

第6问：胖东来真的能赚钱吗

2024年6月，新乡胖东来某擀面皮商户因为卫生问题上了热搜，胖东来立即做出回应，"对于帮助我们发现了重大食品安全隐患的顾客（举报人）……给予10万元现金奖励""对所有于2024年6月9日至2024年6月19日期间在新乡胖东来两店餐饮部购买擀面皮、香辣面的顾客办理退款，给予1000元补偿。（共计8833份，顾客可持有效支付凭证到购买门店餐饮部办理）"。

一份擀面皮销售价格为8元，8833份总收入为70664元。抛开人工成本、材料成本、房租成本不说，假设这70664元是纯赚的，而胖东来预计赔付金额为893.3万元，单单这一项，胖东来净亏损为886.2万元。

很多人在网络上表达了对胖东来的"同情"，表示如果自己是顾客，绝对不会去领这1000元补偿款，因为胖东来太不容易了，这样赔下去胖东来不就倒闭了。

无独有偶，2024年2月，网友在胖东来新乡店发现，一款羽绒服的价签上显示该商品进货价为498.7元，销售价格为499元，差价为0.3元，毛利率仅为0.06%。[1]这条消息在网上又炸开了锅，人们一方面夸赞胖东来是少有的良心商家，另一方面又担心胖东来再这样下去会赔本，因此呼吁胖东来赶紧涨价。

当然，担心胖东来倒闭的人还是少数，更多的人对胖东来这样"不计成本""大手大脚"的做法感到疑惑，这样花钱真的不怕亏损吗？

首先，胖东来以高工资著称，普通清洁工也能拿到6000多元的基本工资，高管更是能拿到百万元年薪；其次，胖东来非常舍得在员工和顾客身上投入，《中国企业家》的一份报道中提及，胖东来员工休息间用的是戴森的吹风机，高管办公室有价值几十万元的音响。在2023年开业的胖东来天使城店里，胖东来花费145万元配备了87台戴森洗手烘干一体机，停车场也特意设计成智能静音车库[2]。此外，胖东来在社会公益上也非常舍得付出。2003年非典疫情，胖东来捐款800万元；2008年汶川地震，胖东来捐款1000万元；2020年新冠疫情，胖东来捐款5000万元；2021年河南灾情，胖东来捐款1000万元。[3]

这样花钱的胖东来亏损了吗？2024年4月23日，话题"于东来称去年计划挣

1. 光明网，《胖东来一件羽绒服赚3角？回应：属实》，2024-02-02。
2. 新浪财经，《在许昌，胖东来开出一家令人惊喜的"天使城"》，商智库，2023-01-11。
3. 大象新闻，《"豪横哥""胖东来"，许昌抗疫，他又爱心捐赠1000万元，这才是真"豪横"！》，2022-01-06。

2000万元结果赚了1.4亿元"登上微博热搜。胖东来创始人于东来称，原本去年（2023年）计划挣2000万，没想到年底挣了1.4个亿[1]。胖东来不但没有赔钱，钱反而自己找上门来，挡都挡不住。真是妥妥的网络爽文情节！

为什么钱越花越多？有人开玩笑说这就是好人有好报，很多媒体报道这件事的时候，都使用了"胖东来你活该发财"这样的标题。其实从更深层次来说，胖东来并不是"乱花钱"，而是"合理分配钱"——高工资、善待员工，提高了员工的积极性，培养了员工的主人翁意识；高额的售后补偿和一流的卖场环境，用现在的话说这叫不惜代价地"宠粉"，顾客就是胖东来最看重的人；至于社会公益投入，这是企业的社会责任，胖东来真正践行了什么叫"取之于民，用之于民"。

过去，我们说有些老板善于"分钱"，愿意把利润分给员工，胖东来的做法其实比这个更进一步，它不只是给员工分钱，还把钱用于顾客、供应商、合作伙伴、社会，这叫"利益相关者价值最大化"。胖东来的钱并没有乱花，它的每一分钱都花在提升胖东来利益相关者的福祉上。

这样做的好处是什么呢？这样做，这些利益相关者就和胖东来紧紧绑定在了一起，同呼吸共命运，为什么胖东来不做广告，不请代言人，却这么有知名度。说白了，是这些利益相关者在帮它宣传，在为它说话。过去是商家自己处心积虑想着怎么把生意做好，现在所有的利益相关者都盼着你好，都努力帮你变得更好，你说这生意还能不好吗？

1. 每日财经新闻，《胖东来又上热搜！计划挣2000万元，结果赚了1.4亿元》，编辑梁景芝，2024-04-24。

第7问：难道胖东来全是优点，一点儿问题都没有吗

现在网上夸胖东来的内容很多，包括很多视频和出版物，都在挖掘胖东来值得学习的地方，例如胖东来购物环境好、胖东来服务到位、胖东来高工资高福利、胖东来网红商品好等。在这些声音中，也有人提出质疑：难道胖东来全是优点，一点问题都没有吗？

所谓"金无足赤，人无完人"，胖东来肯定也有自己需要面对的问题，如之前提到的"胖东来擀面皮事件"，在外人看来，胖东来处理地非常好，不但弥补了自己的过失，还把问题变成了机会，让更多人看到胖东来是认真负责的好商家。然而，从胖东来的角度来说，这就是暴露出来的问题：为什么这样的店铺能进到胖东来？为什么监管没有到位？为什么巡场和检查的时候没有发现问题？以后应该如何避免此类事件再次发生？

2024年6月26日，仅仅在网友发出擀面皮问题视频一天之后，胖东来商贸集团微信公众号就发布了《关于新乡胖东来餐饮商户"擀面皮加工场所卫生环境差"的调查报告》。该报告一共有5个部分，分别是事件起因、事件调查、问题分析、整改方案、处理结果。在问题分析部分，胖东来总结了4条原因：

1.餐饮部主管对于食品安全问题不重视。

①问题定性不准确，不应该按照合同中规定的环境卫生问题进行处罚，而应该按照食品安全问题直接解除合同，予以清退，终止合作。

②对于顾客反馈的问题，应首先关闭档口，但在本次事件中，餐饮部主管接到顾客反馈后没有第一时间关停档口，在对问题评估的决策上存在重大失误。

2.在商户管理上存在审查漏洞和监管盲区。

3.与商户签订的合同不完善，缺乏对商户私自变更加工场所的有效约束。

4.针对顾客反馈的问题，餐饮部主管在问题调查和处理的关键节点上，没有给顾客及时有效地反馈，也没有按流程上报公司。

针对存在的问题，胖东来提出了2条整改意见和3条处理结果。2条整改意见是：

1.加强商品品控管理。

①对餐饮部所有商户的加工操作从供货源头、原材料品质、加工环境、操作、物流配送等项目进行彻底排查，同步对全业态其他商户进行排查，对不符合公司标准的商户坚决予以清退；

②依据商品品质标准，制定全员培训计划，从管理层到员工再到商户，全方位提高食品安全的重视度，从审厂、订货、验收、储存、周转标准等严格落实商品质量的管控措施，杜绝不合格商品上架销售。

2.完善各项管理制度及工作标准。

①梳理完善《胖东来餐饮审厂标准》等；

②完善商户《合作合同》等；

③针对食品安全类相关问题形成案例册，结合食品安全相关法规对管理层和员工进行培训等；

④建立食品安全监督举报奖励机制等。

在处理结果上，除了大家注意到的巨额奖励和补偿款，对管理层的处理上，认定新乡餐饮部第一主管和品控员对事件负直接责任，予以辞退。其他班长以上管理层全部予以免职。另外，因监管不到位，取消新乡店长年终福利。对联营商户的处理上，因新乡胖东来擀面皮商户违反《合作合同》，即日起停止营业，并解除合同，终止合作，限期撤柜。最后，胖东来还就此事件和事件暴露出来的管理漏洞向社会表达歉意，希望大家继续监督胖东来。[1]

有人说，"胖东来擀面皮事件"的巨额补偿款是噱头，是胖东来给自己打广告，看完这些处理意见，你还觉得是噱头和广告吗？"问题"被胖东来变成了整改的契机，那些没有把胖东来打倒的问题，让它变得更加强大了。

翻翻过去跟胖东来有关的新闻，"问题"真得太多了。2024年2月16日，胖东来解聘"未按标准试吃"的员工引发热议。2月19日凌晨，胖东来深夜发布13页报告调查员工试吃事件，同时从4组处理方案中共同研讨出了2个投票方案，并且附上了最终2个投票方案的具体原因。[2]2023年9月28日，有网友在抖音上发布视频反馈胖东来销售的"东北农嫂甜玉米"价格比其他平台高，在视频发布的第二天，胖东来就发布处理公告，一方面下架商品，另一方面主动联系顾客，全额退款。然后，借这一事件，胖东来对卖场所有商品价格、加价率和采购渠道进行排查。针对商品价格事故相关责任人进行处理。

除了以上这些由媒体报道出来的问题，胖东来官网上还有顾客意见公示台、消费评价板块。在这里，顾客反映的问题都会标明投诉内容（投诉时间、投诉类型、所选门店等）、处理结果（回复时间、回复部门等），每一条处理结果中还包括事件调查、事件处理、后续跟进、举一反三、值班电话、感谢顾客等内容。这些问题和处理全部对外公开，任何人都可以查阅。在这两个栏目里，胖东来每天要处理几十个甚至上百个这样的问题。

---

1. 胖东来商贸集团微信公众号，《关于新乡胖东来餐饮商户"擀面皮加工场所卫生环境差"的调查报告》，2024-06-26。
2. 环球网，《因"试吃"开除员工引争议，胖东来发布13页调查报告：可转岗》，2024-02-19。

因此，胖东来不是没有问题，而是胖东来很会处理问题。而且，相比于很多企业害怕问题、逃避问题的情况，胖东来似乎非常"珍惜"这些问题，用现在流行的话说，就是"不浪费每一次出问题的机会"。此外，胖东来还不惜"把问题搞大""让问题天下皆知"以此倒逼管理和服务流程优化。

这些做法真值得所有企业借鉴。

第8问：胖东来为什么不上市

很多人觉得，一个企业做得好就要上市。像胖东来这种企业，业绩好、口碑好，放到股票市场上肯定会被大家追捧。甚至有网友说，胖东来要是上市，我先买10万元胖东来的股票，以后肯定会升值。

然而，胖东来似乎从来没有想过上市的事。从公开的资料看，胖东来的股权结构非常简单，根据国家企业信用信息公示系统上的信息，许昌市胖东来商贸集团有限公司目前只有5位自然人股东，分别是于东来、于东明、于娟、张春兰、房亚军[1]。

胖东来为什么不上市？最简单的解释是，它没有上市的需求。一般企业上市是寻求融资，通过融资实现企业进一步的扩张和发展。然而，从胖东来的情况看，第一，胖东来现金流良好，不缺钱；第二，短期内胖东来没有扩张的需求，用不着钱。

那为什么胖东来不扩张呢？都说人往高处走，水往低处流，胖东来发展这么好，为什么不乘胜追击呢？是不是胖东来安于现状，不思进取？

有上面这些疑问很正常，在很多人看来，企业发展的路径只有一条，那就是

---

1. 国家企业信用信息公示系统，2024-04-07。

不断做大做强，这也是近几十年中国企业普遍的发展路径——很多企业从小企业变成大企业，从地方性企业变成全国性企业，经过一轮又一轮的融资，最后成功上市。上市不但是企业发展的里程碑，对企业家本人也是一种肯定。

不过，这种观念越来越受到挑战。首先，大的经济环境发生了变化。过去很多企业大干快上，追求规模效益，但是随着整个经济发展速度趋于平缓，现在越来越多的企业开始奉行长期主义的战略，在扩张时会权衡机会和风险，做各种规划和决策时也会比较慎重。不一定会选择短期内做大做强。其次，人们对企业发展终极目标的认识也变得更加多元。过去大家追求规模、市值、影响力等指标，认为大企业就比小企业厉害，排名靠前的企业就比排名靠后的企业厉害；现在人们的观念开始改变，一些小而美的企业，一些有独特价值观的企业也得到了人们的尊重和认可。例如胖东来，在它的发展愿景里没有"做大做强""成为行业领导者"这样的描述。于东来在很多场合提出过他的目标，他希望胖东来成为一所学校，这所学校传递的是美好商业的理念，以及事业与生活平衡的价值观。

从国际层面来看，虽然国际上有亚马逊、苹果、特斯拉、丰田、三星这种很有影响力的上市公司，但与此同时，也有很多规模不大、没有上市的百年老店，它们同样受人尊重。这两类企业没法互相比较，你不能说上市公司就一定比百年老店成功，你也不能说百年老店比上市公司有价值，因为企业发展的目标不同，路径不同。在一个健康理性的市场里，企业可以选择自己的发展路径，各种类型的企业可以百花齐放。

在中国企业中，胖东来看起来的确有些另类，它的各种经营理念、分配方式、企业文化，企业定位、发展目标、发展路径，都跟很多企业不一样，但不一样不是缺点，我们应该允许并包容这种多元性。也许在胖东来的带领下，中国会出现一大批这种不上市、不融资且在自己的行业里深耕并发展很好的企业，这对行业和整个国家来说都是好事。

也许有人说，即使不缺钱，上市捞一笔钱也不错啊！这完全就是错误的观点了，上市是企业融资的手段，而不是捞钱的工具，各种违规操作早晚会受到惩罚，因为上市圈钱最后导致企业崩塌的例子举不胜举。作为企业来说，诚信经营，理性发展，才是企业发展的正道。

第9问：为什么很多人觉得胖东来你学不会

随着胖东来的火爆，现在来胖东来的顾客多了，来学习的人也多了。据说许昌和新乡有一个新兴产业，叫"胖东来游学团"，生意好得不得了，每天都有全国各地来的人专程来胖东来打卡学习。

但即便如此，还是有很多人觉得，胖东来你学不会。为什么这么说呢？主要有两点理由，第一，胖东来的厉害不是表面功夫，胖东来最厉害的是它的格局和胸襟，如愿意给员工多发钱、愿意奉献社会，宁肯自己吃亏也不让顾客吃亏，这些东西一般人学不会，也做不到；第二，即使是模仿胖东来一些浅显的东西，如模仿胖东来的设施、仿胖东来的商品陈列、胖东来的管理制度等，也会水土不服，很多老板把胖东来的东西搬回自己的企业，最后学了个四不像，非常痛苦。

那么，胖东来到底能不能学会呢？

关于学习，著名画家齐白石先生说过一句话，叫"学我者生，似我者死"，这是齐白石先生在跟他的学生许麟庐交流时说过的一句话。生性聪慧的许麟庐被称为"东城齐白石"，这个美誉让许麟庐非常得意并多少有些飘飘然，这时候齐白石先生的一句话点醒了他，齐白石先生说："你（许麟庐）老跟我一样不行，你要学我的心，不能学我的手，学我的手没用，也就是说要有灵气，有了灵气一点就通，一通百通，你没有灵气，你再通也通不了。"

这段话说得非常好，把这个理念应用到学习胖东来上也非常适用。其实，不管是学习胖东来表面的东西，还是学习深层次的格局和胸襟，都不能只"学手"而要"学心"。什么叫"学手"？就是不考虑自己的实际情况，照搬照抄。什么叫"学心"？就是要理解每件事背后的逻辑，提升自己的认知水平，从而找到最适合自己的方法。套用一下齐白石先生的话就是：学胖东来的企业能活得很好，但像胖东来的企业可能活不过几天。

举个例子，胖东来有7种购物车，你回去也设置7种购物车；胖东来给保洁员发7000元的工资，你回去也发7000元；胖东来卖什么货，你复制一份也放到货架上，把胖东来这些东西都学到了，你的企业就能像胖东来一样成功了吗？

肯定不能，原因如下。首先，胖东来的这些设施、政策、管理办法适应的是当地的市场，你所在的城市跟许昌不一样，你的店铺所处的发展阶段跟胖东来不一样，照搬过去当然会水土不服；其次，胖东来经过30年的发展，很多政策都是彼此关联的，如给保洁员发6000多元的工资，这很容易学，但是你没看到的是胖东来对保洁员的要求和各种考核奖励办法，因此如果你只学了高工资却没有相对应的工作要求和考核办法，高工资对企业来说反而是有害的。

那到底要怎么"学心"呢？其实也非常简单，每次看到胖东来值得学习的地方时，问自己3个问题：这是什么？为什么要这样做？我应该怎么办？

例如，胖东来社区型门店（云鼎店、人民店、劳动店）在销售蔬菜的时候，会把蔬菜用保鲜膜封装好，打上价签放在货架上。看到这个情况，先问自己第一个问题，这是什么？首先这是一种商品分装方式，顾客不用去货架上挑菜，也不用称重，拿了就能走；其次这是一种商品策略，每一包菜重量大概相同，就是普通家庭一次用掉的分量。

想一想，胖东来为什么要这么做呢？第一，这可以帮顾客节省时间，尤其是社区周边的顾客，他们一般工作比较忙，希望省事、省时间；第二，用保鲜膜封装后的菜品更加卫生，商品损耗也小；第三，小包装、高频次购买能保证蔬菜的新鲜，这更符合现代人的偏好；第四，社区店面积比较小，这样可以减少生鲜货品堆放空间，增加更多商品品项。

更进一步，你可以想一想，保鲜膜封装蔬菜会有什么问题吗？第一，保鲜膜封装后，蔬菜散发的水汽会凝结在保鲜膜上，影响商品品相和品质，所以封装后不能置于室温下，要放在低温柜台，并加快销售周转；第二，封装后的商品如果内部有损坏，会极大影响顾客体验（顾客会以为商家故意用封装掩盖问题），所以在封装菜品的时候一定要反复检查，保证品质；第三，封装称重会增加卖场和仓库的工作量，需要调配好人手，最好有专人负责；第四，封装蔬菜不会陈列太多，需要卖场工作人员根据实际情况及时补货。

理解到这一步，基本上你就把这个问题的逻辑搞清楚了。结合自己的情况想一想，你自己的超市要不要这样做，或者有没有折中的办法。例如，你超市的商品周转比较慢，叶菜类没法用这种方法，那么根茎类蔬菜能不能用这种方法销售。例如，将分切好的南瓜提前包装好、进口的小洋葱按重量提前包装好等。

推而广之，你会发现其实胖东来的所有创新，包括卖场环境的创新、商品陈列的创新、人力资源管理的创新、员工培训的创新、企业文化的创新等，都可以这样拆解。先问问自己这是什么，再换位思考一下胖东来为什么要这么做，最后再想想自己应该怎么做。甚至你可以准备一张白纸，从左到右划分成三栏，最左边是"创新栏"，记录你发现的胖东来的创新点；中间是"认知栏"，理解这些创新背后的逻辑，分析这个创新和胖东来其他要素的关联；最右边是"行动栏"，想想自己可以怎么借鉴学习。有了这样的"三栏笔记"，你还担心学不会胖东来吗？

总而言之，想学会胖东来主要取决于你花了多少心思，做了多少工作。很多人看了几个跟胖东来有关的短视频，听了几个所谓专家总结的金句就觉得自己理解了胖东来。这种学习肯定是不靠谱的，用这点东西指导自己的企业，那风险的确太大了。这种学习还是早点叫停比较好。

第10问：胖东来为什么这么"神"

小米的创始人雷军曾在社交平台上表示，胖东来在中国零售业一直是"神"般的存在，他特意到许昌胖东来时代广场，朝圣学习。

什么叫"神"般的存在？你可以理解成胖东来是一个"神奇"的存在，一个开在三线城市的超市，为什么能对标国际一流超市水准；你也可以理解成胖东来是一个"神秘"的存在，为什么它对待客户、对待员工的方法跟一般企业那么不同，而且还能出奇制胜；你也可以理解成胖东来是 个"神圣"般的存在，它好像被笼罩上了一层光环，不管它做什么都无可挑剔，因此雷军才会说，特意来胖东来"朝圣学习"。

当然，还有一种理解，那就是把胖东来当成了一个"神话"般的存在，所谓神话其实是跟真实相对的。人们可以把自己的情感、想象、期待都投射到神话里，然后把自己的愿望寄托在这个神话里，从而获得一种虚无的满足感。

这么说可能有点抽象，但是现在网络上很多人对胖东来的感情的确是比较虚幻的。尤其是那些只在新闻上看过胖东来却一直没有来过的人，他们在自己的头脑里勾画出了一个自己认为的胖东来——这个单位工作轻松、工资福利特别好、老板从来不给员工压力、每天员工和顾客都快快乐乐；而且它从来不会犯错，每个细节和安排都让人热泪盈眶，就好像人间天堂一样。

显然，这并不是事实。

胖东来已经在许昌开了近30年，它广被天下所知，其实也就是近几年的事。在很多许昌人看来，胖东来的确很好，是许昌的一张名片，但现在胖东来太火爆，很多外地游客慕名前来，导致很多许昌人自己买东西都不方便了。有些外地游客满怀期望而来，因为期望值太高，反而会留下"胖东来不过如此"的印象。于是，网络上经常会有河南本地人和外地人的争执，"如果觉得胖东来不好就别来了""把胖东来还给我们吧""真怀念没有那么多外地游客的胖东来"。

外地人不太了解胖东来的历史，可能觉得它是横空出世，其实，胖东来早就很"神"了，当年胖东来新乡店关门，微博上发起了"一人一票把胖东来留下来"的话题，短短几天，就有几万条回复。后来新乡店重新开业，整个胖东来所在街区交通堵塞，新乡店的电梯都被压坏了。

在胖东来的大本营许昌，1998年一场大火让胖东来化为灰烬，当时有很多人打电话，有寄钱的，还有很多素不相识的人专门过来慰问。

那时候许昌市很多县区的人，有的蹬着三轮车拉着一家人来这看……市委家属院有个老大娘，我也不认识她，她在那儿到处找我，外边的人把她从后面领过去。她说"孩啊，因为这事可别趴下啊，不要因为这点儿事就站不起来。如果是没有钱了，你大伯俺俩还存了有两万多块钱，你要用俺就给你拿来"。[1]

这么多年来，胖东来也经历了风风雨雨，包括早期许昌门店调整、新乡闭店，包括于东来自己身体的问题。

不但肺原来给我判过死刑，而且我还有溃疡性结肠炎、肝癌早期、胃癌症早期、心脏冠状堵塞95%的问题。当时医生告诉我不要动了，说死马上就死，

---

1. 胖东来官网"心向阳光"于东来，2020-12-14，15页。

我停都没停，直接都没回家。那时候我爱人也刚开始做乳腺癌的化疗。我对自己说"我怎么能死？我不能死！"

也正是因为经历过这些起起伏伏，胖东来和于东来本人反而变得更加理性了。于东来不是神，胖东来也不是什么神话，反而是内敛造就了如今的胖东来。于东来在一次讲话中提到：

任何人没有权力随便决策公司应该怎么发展，包括我在内，控制好自己，再开店或者是干什么，必须由整个管委会、所有的公司高管无记名投票决定怎么走，我们的未来的目标是什么？按目标走，几年内我们企业是什么概况，按这个标准走。

如果非要说胖东来"神"，那么这个神说的是它对零售业前瞻性的理解，说的是它对顾客和流行趋势的洞察，说的是它对标全世界最优秀服务企业的标准，说的是它的精细化管理，说的是它领先的知识管理系统，说的是它强大的文化驱动力。我们看到的胖东来卓越的外在表现，其实就源于它扎实的内功。

但说到底，胖东来并不是神，它也有自己需要解决的问题，于东来也不是神，他也有自己的烦恼。我们不用神话胖东来，因为神话总有一天会破灭，倒不如以平视的眼光看待胖东来，还原它本来真实的面貌，真的按于东来预期的那样，把胖东来当成一所学校，并在这个学校学有所成。